ドラえもんの学習シリーズ

ドラえもんの
●スポーツおもしろ攻略●

が楽しくできる

女の子も
男の子も
!!

【キャラクター原作】藤子・F・不二雄　【監修】一般財団法人全日本野球協会

この本《ほん》に興味《きょうみ》をもってくれたみなさんへ

思《おも》い切《き》り投《な》げて、捕《と》って、打《う》って、走《はし》って…
野球《やきゅう》の楽《たの》しさを味《あじ》わいましょう！

「打《う》った！　特大《とくだい》ホームラン！」「剛速球《ごうそっきゅう》で空振《からぶ》り三振《さんしん》！」

みなさんは野球場《やきゅうじょう》に限《かぎ》らず、テレビやインターネットなど、いろいろな環境《かんきょう》で野《や》球《きゅう》を見《み》たことがあるのではないでしょうか。

プロ野球選手《やきゅうせんしゅ》のプレーを見《み》て、「野球《やきゅう》って難《むずか》しそうだな」と心配《しんぱい》してしまう人《ひと》もいるかもしれませんが、実際《じっさい》にやってみると、とても楽《たの》しいスポーツであることがわかると思《おも》います。

野球《やきゅう》は9人《にん》で協力《きょうりょく》して行《おこな》うスポーツで、チームのみんながそれぞれの力《ちから》を合《あ》わせて勝利《しょうり》をめざしますが、投《な》げる、捕《と》る、打《う》つ、走《はし》る、という動作《どうさ》すべてが上手《じょうず》である必要《ひつよう》はありません。ねらったところに投《な》げられる、遠《とお》くへ飛《と》ばせる、速《はや》く走《はし》れる、など、ひとつでも得意《とくい》なものがあれば、試合《しあい》でたくさん活躍《かつやく》することができるでしょう。また、チームで戦《たたか》うスポーツですが、ピッチャー対《たい》バッター、つまり一対一《いちたいいち》の対戦《たいせん》で、だれもがヒーローになれるチャンスがあります。そして、柵《さく》（フェンス）を越《こ》えたホームランを打《う》てば、ホームベースまで一周《いっしゅう》する間《あいだ》は試合《しあい》が止《と》まり、その時間《じかん》は打《う》った選手《せんしゅ》のためのものになるという、とても心地《ここち》よい体験《たいけん》ができます。

　このように、野球《やきゅう》には数《かぞ》えきれないほどの魅力《みりょく》が詰《つ》まっているのです。

　本書《ほんしょ》では、ドラえもんとその仲間《なかま》たちが、野球《やきゅう》の楽《たの》しさを知《し》り、「さらにうまくなりたい」「試合《しあい》に勝《か》ちたい」とがんばる姿《すがた》がえがかれています。

　みなさんもぜひ、ドラえもんとその仲間《なかま》たちとともに、野球《やきゅう》をプレーする楽《たの》しさ、見《み》る楽《たの》しさを味《あじ》わっていただけることを願《ねが》っています。

　そして、今度《こんど》はみなさんも友達《ともだち》をさそって、グラウンドで一緒《いっしょ》に野球《やきゅう》を楽《たの》しみましょう！

一般財団法人《いっぱんざいだんほうじん》　全日本野球協会《ぜんにほんやきゅうきょうかい》

もくじ

※本書《ほんしょ》の情報《じょうほう》は2025年《ねん》2月《がつ》現在《げんざい》のものです。
※技術面《ぎじゅつめん》の解説《かいせつ》は右投《みぎな》げ、右打《みぎう》ちを基本《きほん》としています。左投《ひだりな》げ、左打《ひだりう》ちの人《ひと》は左右《さゆう》を逆《ぎゃく》にして参考《さんこう》にしてください。

序章《じょしょう》　野球《やきゅう》って難《むずか》しい？

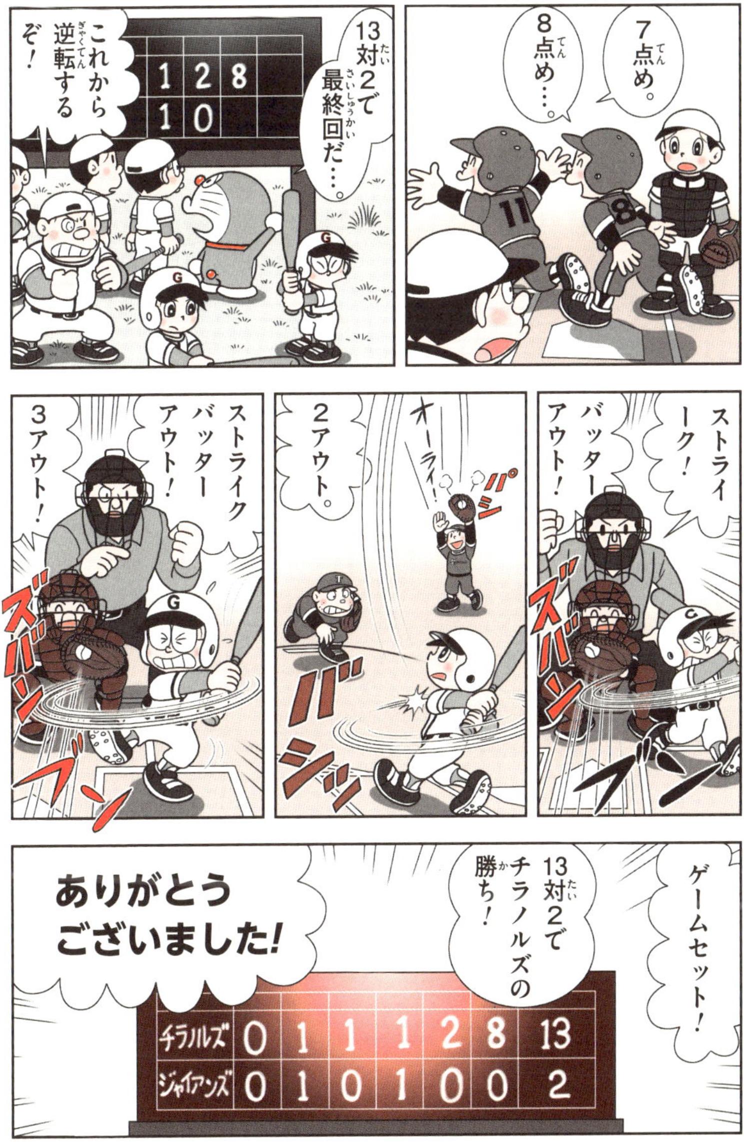
7点《てん》め。
8点《てん》め…。
13対《たい》2で最終回《さいしゅうかい》だ…。
これから逆転《ぎゃくてん》するぞ！
1 2 8
1 0
ストライーク！バッターアウト！
ズバン
ブン
オーライ！
パシ
2アウト。
バシッ
ストライクバッターアウト！
3アウト！
ズバン
ブン
ゲームセット！
13対《たい》2でチラノルズの勝《か》ち！
ありがとうございました！
チラノルズ 0 1 1 1 2 8 13
ジャイアンズ 0 1 0 1 0 0 2

寺野《てらの》、次《つぎ》はもっとましな相手《あいて》を探《さが》せよ！
あんなへなちょこチームなら練習《れんしゅう》してたほうがましだぜ。
悪《わる》かった。
「ちびっ子《こ》野球大会《やきゅうたいかい》」が近《ちか》いから少《すこ》しでも多《おお》くの試合《しあい》をしたほうがいいと思ったんだ。
そうか。なんたって優勝賞品《ゆうしょうしょうひん》がメジャーリーグの観戦《かんせん》チケットだからな。
これは絶対《ぜったい》に優勝《ゆうしょう》するしかないぜ！
MLB
BALL
特別観戦チケット
その優勝《ゆうしょう》チケットはおれ様《さま》たちがもらうぜ！
大会《たいかい》に出《で》るのか？本気《ほんき》？
そんなへなちょこチームなのに？
ギャハハハ…
笑《わら》えるぜ
へなちょこ…。

剛田《ごうだ》、アドバイスしてやる。
おまえのチームは野球《やきゅう》に必要《ひつよう》な基本練習《きほんれんしゅう》ができていないヤツが多《おお》すぎる。
「投《な》げる」「打《う》つ」「走《はし》る」「捕《と》る」
野球《やきゅう》はこのいくつもの高《たか》い運動技術《うんどうぎじゅつ》が必要《ひつよう》なスポーツなんだぞ。
もっとチームをきたえてから大会《たいかい》に出《で》ろ！
がんばれへなちょこチーム
くやしいな～あんなこといわれて…。
でも寺野《てらの》のいう通《とお》りぼくは基本《きほん》ができてない…。

ドラえもん、キャッチボールをしに行《い》こう。
スクッ
やる気《き》満々《まんまん》だね。
キャッチボールは「投《な》げる」動作《どうさ》の基本《きほん》だからね。
えい！
ビュッ
バン
わっ！
のび太《た》はキャッチボールもろくにできないのかよ？
ボールの握《にぎ》り方《かた》に問題《もんだい》がありそうだね。
スネ夫《お》…
スネツグくんも！

ニューヨークから遊《あそ》びに来《き》たの？
うん。しばらくは兄《にい》さんの家《いえ》でお世話《せわ》になるんだ。
そして友達《ともだち》のショーとセカ。
2人《ふたり》は兄妹《きょうだい》でしばらく一緒《いっしょ》に過《す》ごすんだ。
ショーです。よろしく。
ぼくドラえもん。
セカです。こんにちは。
のび太《た》です。日本語《にほんご》がしゃべれるんだ！
ぼくら2人《ふたり》もアメリカでベースボールをしているんだよ。
えー！ホントに？
みんなー大変《たいへん》だー！
出木杉《できすぎ》くん？しずちゃんも…

えー！
5人《にん》がジャイアンズを抜《ぬ》ける？
ジャイアンズでは大会《たいかい》の優勝《ゆうしょう》は無理《むり》だから別《べつ》のチームに行《い》くらしい。
武《たけし》さんやみんなに直接《ちょくせつ》いえないから私《わたし》から伝《つた》えてくれって。
関係《かんけい》ないしずちゃんに伝言《でんごん》を頼《たの》むなんてひどいぞ！
どうしよう。5人《にん》もぬけたら試合《しあい》ができないぞ。
ジャイアンがこのことを知《し》ったら大変《たいへん》だぞ。
おーい心《こころ》の友《とも》よー！
ジャイアン！
あちゃ〜〜

みんな そろっていて ちょうどいい。
実《じつ》は ジャイ子《こ》が 野球少女《やきゅうしょうじょ》を 主人公《しゅじんこう》にした まんがを考《かんが》えて いるんだ。
そこで ジャイアンズに 取材協力《しゅざいきょうりょく》を お願《ねが》いしたい そうだ。
ポキ
バキ
ボキ
いいだろ！ 文句《もんく》あるやつは ぶんなぐるけど どうする？
文句《もんく》はない です！
ねえ 武《たけし》くん。
ジャイ子《こ》ちゃんを チームに入《い》れて 野球《やきゅう》を実際《じっさい》に 体験《たいけん》させたら？
そのほうが ずっと参考《さんこう》にな るはずだよ。
なるほど。

それと スネツグくんと 友達《ともだち》のショーくん セカちゃんも チームに 入《い》れよう！
しずちゃんも チームに入《い》れた ほうがいいね…。
？
なんだよ 急《きゅう》に慌《あわ》てて…。 何《なに》かあったな？
なんだと～!?
5人《にん》も チームを やめたー？
ゴゴゴ…
やっぱり！ ジャイアンの 怒《いか》りが爆発《ばくはつ》 する。
「まあまあ棒《ぼう》」。
どんなに 怒《おこ》っていても
この棒《ぼう》で口《くち》を おさえると 静《しず》まる。
まあ、 まあ。
ピタッ
まあ、 まあ、 まあ。
すごい！ ジャイアンの怒《いか》りを おさえたぞ！

いったいどうしたらいいんだ…。
だいじょうぶだよ。
5人《にん》の補強《ほきょう》はできたしみんな出《で》たいといってるよ！
初心者《しょしんしゃ》ばかりでどうやって勝《か》てと…。
まあ、まあ。
まあ、まあ。
まあ、まあ。
ピタ
たしかに難《むずか》しいけど、どこまでできるか挑戦《ちょうせん》するのもおもしろいじゃないか。
よーし！大会優勝《たいかいゆうしょう》めざしてがんばろー！
オーッ

野球《やきゅう》ってどんなスポーツ？

◆ボールをバットで打《う》って塁《るい》に出《で》る

野球《やきゅう》というスポーツの試合《しあい》は、ピッチャー（投手《とうしゅ》）が投《な》げたボールを、バッター（打者《だしゃ》）がバットという棒《ぼう》で打《う》つことから始《はじ》まるよ。バットにボールが当《あ》たらなければ「空振《からぶ》り」。うまく当《あ》てられたら、バッターが塁《るい》（ベース）に出《で》るチャンスが生《う》まれる。ピッチャー側《がわ》のチームのメンバーは「野手《やしゅ》」としてグラウンドを守《まも》っていて、バッターが塁《るい》に出《で》るのを防《ふせ》ぐんだ。

◆塁《るい》を4つ進《すす》んだら得点《とくてん》！

野球《やきゅう》のグラウンドには4つの塁《るい》があり、一塁《いちるい》（ファーストベース）に出《で》た人《ひと》（ランナー）は、二塁《にるい》（セカンドベース）、三塁《さんるい》（サードベース）と順《じゅん》に進《すす》んでいくことをめざす。最終的《さいしゅうてき》に、ランナーが本塁《ほんるい》（ホームベース）にたどりつくことで点が入《はい》るよ。

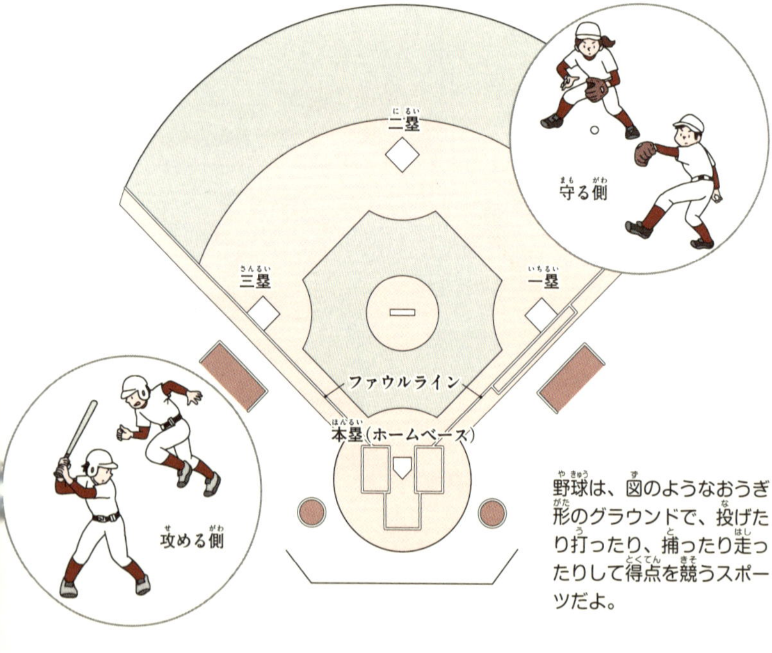

野球《やきゅう》は、図《ず》のようなおうぎ形《がた》のグラウンドで、投《な》げたり打《う》ったり、捕《と》ったり走《はし》ったりして得点《とくてん》を競《きそ》うスポーツだよ。

◆「表《おもて》」と「裏《うら》」で攻守交代《こうしゅこうたい》

野球《やきゅう》の試合《しあい》は攻《せ》めるチームと守《まも》るチームが攻守《こうしゅ》を交代《こうたい》しながら進《すす》められるよ。先攻《せんこう》のチームが攻《せ》めているときを「表《おもて》」、後攻《こうこう》のチームが攻《せ》めているときを「裏《うら》」と呼《よ》び、表《おもて》と裏《うら》をそれぞれ9回《かい》（学童野球《がくどうやきゅう》の場合《ばあい》は6回《かい》など）くり返《かえ》して試合《しあい》を進《すす》めるんだ。

◆最終回《さいしゅうかい》までの得点《とくてん》で勝敗《しょうはい》を決《き》める

表《おもて》と裏《うら》、それぞれの攻撃《こうげき》で得点《とくてん》をめざし、最終回《さいしゅうかい》が終《お》わった時点《じてん》で得点《とくてん》の多《おお》いチームが勝《か》ちとなるよ。両《りょう》チームともに得点《とくてん》ができなかったり、最終回《さいしゅうかい》までにとった得点《とくてん》が同《おな》じだったりした場合《ばあい》は、さらに表《おもて》と裏《うら》の攻撃《こうげき》を行《おこな》う「延長戦《えんちょうせん》」が行《おこな》われることもある。逆《ぎゃく》に、あまりに多《おお》くの得点差《とくてんさ》がついた場合《ばあい》、その時点《じてん》で打《う》ち切《き》りになることもあるよ（コールドゲーム）。

スコアボードの例《れい》

野球《やきゅう》では、下《した》のような表《ひょう》（スコアボード）で両《りょう》チームの得点《とくてん》を記録《きろく》する。

計《けい》（またはR《アール》）の欄《らん》に書《か》かれているのが、チームの総得点《そうとくてん》だよ。

チーム	1	2	3	4	5	6	7	8	9	計《けい》
先攻《せんこう》チーム	0	1	0	0	1	0	0	2	1	5
後攻《こうこう》チーム	0	0	2	0	0	3	1	0	×	6

表《おもて》の攻撃《こうげき》は上《うえ》の段《だん》、裏《うら》の攻撃《こうげき》は下《した》の段《だん》に、それぞれ入《はい》った得点《とくてん》を記録《きろく》する。

最終回表《さいしゅうかいおもて》の攻撃《こうげき》が終《お》わって後攻《こうこう》チームがリードしている場合《ばあい》は、裏《うら》の攻撃《こうげき》は行《おこな》わずそのまま試合終了《しあいしゅうりょう》となる。リードされている後攻《こうこう》チームが最終回裏《さいしゅうかいうら》に逆転《ぎゃくてん》した場合《ばあい》も、そこで試合終了《しあいしゅうりょう》となるよ（サヨナラ勝《が》ち）。

◆1チーム9人《にん》ずつで戦《たたか》う

野球《やきゅう》の試合《しあい》は、両《りょう》チームともに9人《にん》ずつ、合計《ごうけい》18人《にん》で行《おこな》われる。試合《しあい》を始《はじ》める前《まえ》に、9人《にん》のメンバーの守備位置《しゅびいち》と、打《う》つ順番《じゅんばん》（打順《だじゅん》）を決《き》めておくんだ。なお、守備《しゅび》にはつかない打撃専門《だげきせんもん》の選手《せんしゅ》「指名打者《しめいだしゃ》（DH《ディーエイチ》）」のルールで行《おこな》われる試合《しあい》では、同時《どうじ》に試合《しあい》に出場《しゅつじょう》できる人数《にんずう》は1チーム10人《にん》になるよ。

DH《ディーエイチ》

1チームの人数《にんずう》は9人《にん》が基本《きほん》。DH《ディーエイチ》制《せい》の試合《しあい》なら、同時《どうじ》に出場《しゅつじょう》できる選手《せんしゅ》は10人《にん》になるよ。

◆選手《せんしゅ》の交代《こうたい》もできる

9人以外《にんいがい》にもベンチには控《ひか》えの選手《せんしゅ》を入《い》れることができて、試合《しあい》の途中《とちゅう》に選手《せんしゅ》を交代《こうたい》させることもできるよ。ピッチャーが疲《つか》れてきたら次《つぎ》のピッチャーに、攻撃《こうげき》でチャンスが来《き》たら勝負強《しょうぶづよ》いバッターに交代《こうたい》するなど、状況《じょうきょう》に応《おう》じて選手《せんしゅ》を入《い》れ替《か》えることも野球《やきゅう》の大事《だいじ》な戦術《せんじゅつ》のひとつなんだ。

なお、ベンチに入《はい》れる人数《にんずう》は大会《たいかい》ごとにちがいがあるよ（→158ページ）。

ベンチにいる全員《ぜんいん》で
戦《たたか》うのが
野球《やきゅう》という
スポーツなんだ。

◆ヒットの種類《しゅるい》

バッターが打《う》ったボールがフェアゾーン（ファウルラインの内側《うちがわ》）に落《お》ちて、守備側《しゅびがわ》がそのボールを一塁《いちるい》に送《おく》る前《まえ》にバッターが一塁《いちるい》に到達《とうたつ》すれば「ヒット」となる。1打《だ》で一塁《いちるい》に出塁《しゅつるい》するヒットを「シングルヒット（単打《たんだ》）」、二塁《にるい》にまで進《すす》むヒットを「二《に》塁打《るいだ》」、三塁《さんるい》にまで進《すす》むヒットを「三塁打《さんるいだ》」というよ。

◆いろいろな得点《とくてん》の仕方《しかた》がある

打《う》ったボールがそのまま外野《がいや》のフェンスを越《こ》えると「ホームラン（本塁打《ほんるいだ》）」となって、それだけで1点《てん》が入《はい》る。ホームランが出《で》たときにほかのランナーが塁《るい》にいた場合《ばあい》は、その人《ひと》たちの分《ぶん》の点《てん》も入《はい》るんだ。そのほか、ヒットを打《う》ってランナーを本塁《ほんるい》に帰《かえ》したり、三塁《さんるい》にいるランナーをバント（バットを振《ふ》らずにボールを当《あ》てて転《ころ》がすプレー）で帰《かえ》す「スクイズ」などの得点方法《とくてんほうほう》もあるよ。

いろいろなヒットの呼《よ》び名《な》

呼《よ》び名《な》	説明《せつめい》
シングルヒット（単打《たんだ》）	バッターが一塁《いちるい》に到達《とうたつ》する。
ツーベースヒット（二塁打《にるいだ》）	バッターが二塁《にるい》に到達《とうたつ》する。
スリーベースヒット（三塁打《さんるいだ》）	バッターが三塁《さんるい》に到達《とうたつ》する。
ホームラン（本塁打《ほんるいだ》）	バッターが本塁《ほんるい》に帰《かえ》ってくる。
タイムリーヒット（適時打《てきじだ》）	塁《るい》にいるランナーを本塁《ほんるい》に帰《かえ》す。
ソロホームラン	ランナーがいないときの本塁打《ほんるいだ》。
ツーランホームラン	ランナーが1人《ひとり》いるときの本塁打《ほんるいだ》。
スリーランホームラン	ランナーが2人《ふたり》いるときの本塁打《ほんるいだ》。
満塁《まんるい》ホームラン	ランナーが3人《にん》いるときの本塁打《ほんるいだ》。
サヨナラヒット（ホームラン）	サヨナラ勝《が》ちとなるときのヒット（本塁打《ほんるいだ》）。

◆ボールカウントって?

ピッチャーが投《な》げたボールがバッターの打《う》ちやすいゾーン（ストライクゾーン・↓55ページ）を通《とお》った場合《ばあい》や、バッターが空振《からぶ》りした場合《ばあい》、打《う》ったボールがファウル（ファウルラインの外にボールが落《お》ちること）になった場合《ばあい》は「ストライク」となり、3《スリー》ストライクでバッターはアウトとなる（ただし、3つめのストライクがファウルの場合《ばあい》はカウントしない）。それ以外《いがい》の「ボール」が4つカウントされると「四球《しきゅう》（フォアボール）」となってバッターが一塁《いちるい》に出塁《しゅつるい》できるよ。

◆アウトになるのはどんなとき?

守備側《しゅびがわ》が1回《かい》に3つのアウトをとると、その回《かい》は終了《しゅうりょう》し攻守交代《こうしゅこうたい》となる。バッターをアウトにするには、1人《ひとり》の打者《だしゃ》からストライクを3つとる(三振《さんしん》)、バッターが打《う》った打球《だきゅう》を、地面《じめん》に落《お》ちる前《まえ》に捕《と》る、バッターが塁《るい》にたどりつく前《まえ》に塁《るい》にボールを送《おく》る、塁《るい》についていないランナーにボールをタッチするといった方法《ほうほう》があるよ。

ボールカウントの見方《みかた》

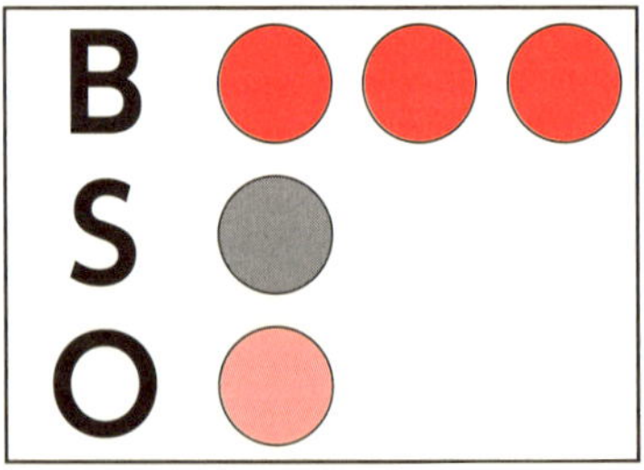

ボールカウントは、上《うえ》から「ボール（BALL)」「ストライク（STRIKE)」「アウト（OUT)」の順《じゅん》に表示《ひょうじ》されるよ。左《ひだり》の場合《ばあい》は「3《スリー》ボール、1《ワン》ストライク、1《ワン》アウト」の意味《いみ》だよ。

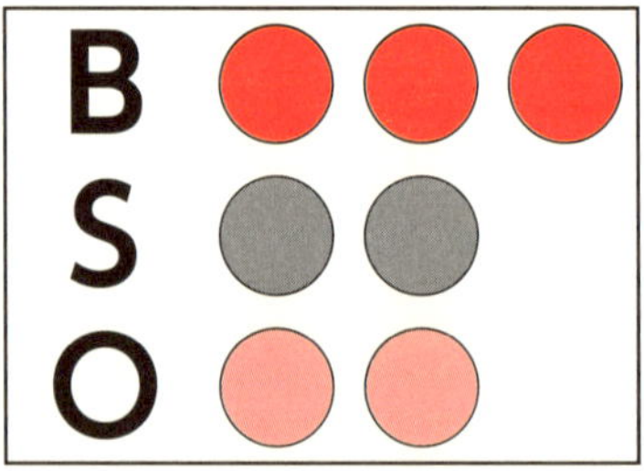

右《みぎ》は、「3《スリー》ボール、2《ツー》ストライク、2《ツー》アウト」の場面《ばめん》。「3《スリー》ボール、2《ツー》ストライク」のことを「フルカウント」ともいうよ。

◆基本《きほん》の道具《どうぐ》はボール、バット、グローブ

野球《やきゅう》をプレーするには、いくつかの道具《どうぐ》が必要《ひつよう》になるよ。まず欠《か》かせないのが、打《う》ったり投《な》げたりするためのボール。子《こ》どもがプレーする野球《やきゅう》は、ゴムでできた「軟式《なんしき》」のボールを使《つか》うのが一般的《いっぱんてき》だ。

そして投《な》げたボールを打《う》つためのバットには金《きん》属製《ぞくせい》や木製《もくせい》、複合素材《ふくごうそざい》のものなどがある。そしてボールを捕《と》るためのグローブには、ポジションごとに形《かたち》がちがうものがあるよ。

練習《れんしゅう》にも必要《ひつよう》な基本《きほん》の道具《どうぐ》はボールとバット、グローブの3つ。

◆野球《やきゅう》に必要《ひつよう》なそのほかの道具《どうぐ》

ほかに必要《ひつよう》になるのは、バッターの頭《あたま》を保護《ほご》するヘルメットや、キャッチャーの体《からだ》を守《まも》る防具《ぼうぐ》（マスク、プロテクターなど）、走《はし》りやすくするためのスパイクなど。また、チームとして試合《しあい》をするには、同《おな》じデザインのユニフォームなどもそろえる必要《ひつよう》があるよ。

チームのみんなで同《おな》じユニフォームを着《き》ると、気持《きも》ちもひとつになれるよ！

学童《がくどう》野《や》球《きゅう》だけのルールがある

子《こ》どもが行《おこな》う野球《やきゅう》を一般的《いっぱんてき》に「少年野球《しょうねんやきゅう》」といって、そのうち小学生《しょうがくせい》がする野球《やきゅう》のことは「学童《がくどう》野球《やきゅう》」というよ。学童野球《がくどうやきゅう》には、子《こ》どもの体《からだ》を守《まも》るため、プロ野球《やきゅう》などとはちがう特別《とくべつ》な決《き》まりがあるんだ。

◆回数《かいすう》・時間《じかん》の制限《せいげん》

プロ野球《やきゅう》などでは9回《かい》までのところ、学童野球《がくどうやきゅう》は6回《かい》まで。時間《じかん》も90分《ぷん》（1時間《じかん》30分《ぷん》）までで、これを超《こ》えると新《あたら》しい回《かい》には入《はい》らないよ。

12
3
6
9
90分《ぷん》

	1	2	3	4	5	6
HOME《ホーム》	1	0	0	2	0	1
GUEST《ゲスト》	0	1	0	3	1	×

◆球数《たまかず》・球種《きゅうしゅ》の制限《せいげん》

学童野球《がくどうやきゅう》では、1人《ひとり》のピッチャーが1試合《しあい》で投《な》げられる球数《たまかず》は70球《きゅう》（4年生以下《ねんせいいか》は60球《きゅう》）まで。プロのピッチャーが投《な》げるような変化球《へんかきゅう》も禁止《きんし》されている。成長段階《せいちょうだんかい》にある子《こ》どもたちのひじや肩《かた》を守《まも》るためのルールなんだ。

子《こ》どものことを考《かんが》えてのルールなのね。

◆グラウンドのサイズ

試合《しあい》を行《おこな》うグラウンドのサイズなども、プロなどの一般《いっぱん》野球《やきゅう》と、学童《がくどう》野球《やきゅう》とではちがっているよ。主《おも》なちがいは以下《いか》の通《とお》り。ちなみに、ホームベースのサイズは一般《いっぱん》野球《やきゅう》も学童《がくどう》野球《やきゅう》も同《おな》じだよ。

	一般《いっぱん》	学童《がくどう》
ピッチャーから本塁《ほんるい》まで	18.44m	16m（低学年《ていがくねん》は14m）
塁《るい》と塁《るい》の間《あいだ》	27.431m	23m
本塁《ほんるい》と二塁《にるい》ベースまで	38.795m	32.52m
一《いち》～三塁《さんるい》のベースのサイズ	38.1cm 四方《しほう》	35.56cm 四方《しほう》

◆道具《どうぐ》の決《き》まり

学童《がくどう》野球《やきゅう》で使《つか》うボールは軟式《なんしき》の「J号《ジェイごう》」というサイズのもの。試合《しあい》で使《つか》うバットは、「全《ぜん》日《に》本《ほん》軟式《なんしき》野球《やきゅう》連盟《れんめい》」が公認《こうにん》したバット（「JSBB《ジェイエスビービー》」のマークがある）といった決《き》まりがあるよ。バットやグローブを買《か》うときは、野球用品店《やきゅうようひんてん》で「少年《しょうねん》野球用《やきゅうよう》のもの」と伝《つた》えて選《えら》ぶようにしよう。

◆その他《た》のルール

ほかに、大会《たいかい》や試合《しあい》ごとに独自《どくじ》のルールが決《き》められていることもあるよ。例《たと》えば、投球中《とうきゅうちゅう》に次《つぎ》の塁《るい》へ走《はし》る「盗塁《とうるい》」の禁止《きんし》・制限《せいげん》や、ベンチ入《い》りの全選手《ぜんせんしゅ》が一度《いちど》は打席《だせき》に立《た》つ「全員出場義務《ぜんいんしゅつじょうぎむ》」、パスボール（キャッチャーがボールを後《うし》ろにそらすこと）での進塁禁止《しんるいきんし》、など。試合《しあい》のときにはこうしたルールもしっかり確認《かくにん》しよう。

大会《たいかい》によっても
ルールが変《か》わることが
あるのか！

第《だい》1章《しょう》　野球《やきゅう》の基本《きほん》を学《まな》ぼう！

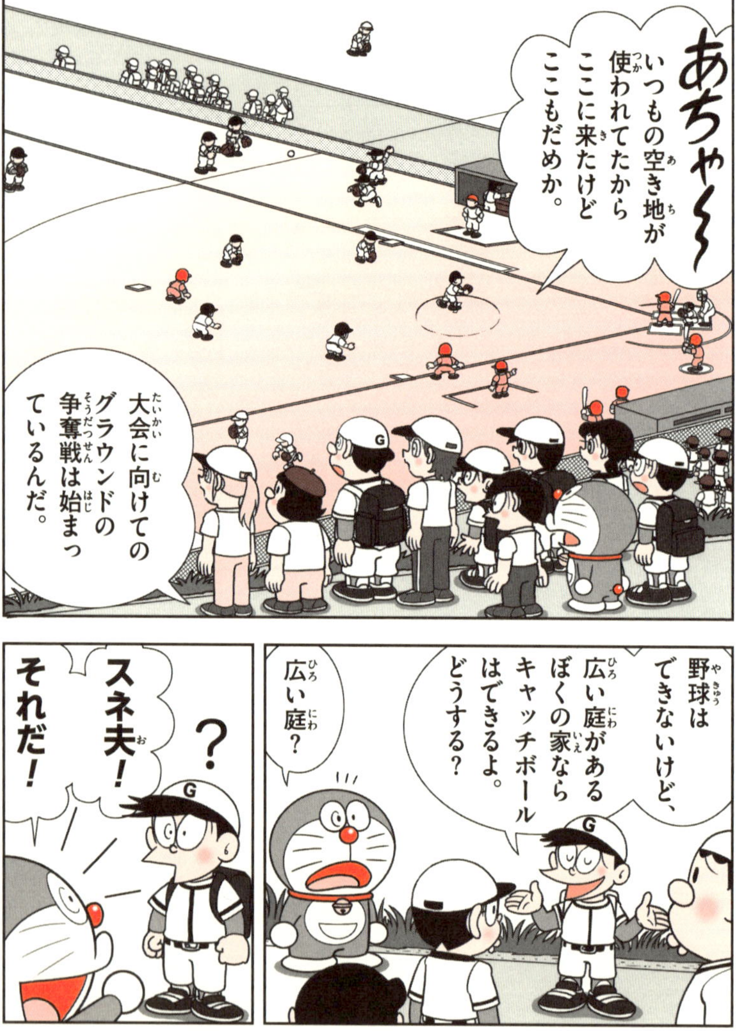
あちゃ〜〜
いつもの空《あ》き地《ち》が使《つか》われてたからここに来《き》たけどここもだめか。
大会《たいかい》に向《む》けてのグラウンドの争奪戦《そうだつせん》は始《はじ》まっているんだ。
野球《やきゅう》はできないけど、広《ひろ》い庭《にわ》があるぼくの家《いえ》ならキャッチボールはできるよ。どうする？
広《ひろ》い庭《にわ》？
？
スネ夫《お》！
それだ！

ぼくの家《いえ》の庭《にわ》は広《ひろ》いといったけど野球《やきゅう》は無理《むり》だといったよね？
わかってる。
じゃまが入《はい》らない場所《ばしょ》が欲《ほ》しかったんだ。
この庭《にわ》なら最高《さいこう》だよ。
野球場《やきゅうじょう》に行《い》く前《まえ》に用意《ようい》したものがある。
グローブにバット、ボールがたくさん！
どうしたのこれ？
しずちゃんジャイ子《こ》ちゃんスネツグくんたちは野球用具《やきゅうようぐ》がなかったから
この「フエルミラー」で増《ふ》やしたんだ。
ありがとう！これがグローブとボールね？

野球《やきゅう》のボールってゴムでできてるの？
「軟式球《なんしききゅう》」というボールはね。
野球《やきゅう》に使《つか》うボールには3種類《しゅるい》あるんだ。
バットも金属製《きんぞくせい》のもの、木製《もくせい》のものなどがある。

ボールの種類《しゅるい》

硬式球《こうしききゅう》　準硬式球《じゅんこうしききゅう》　軟式球《なんしききゅう》

バットの種類《しゅるい》

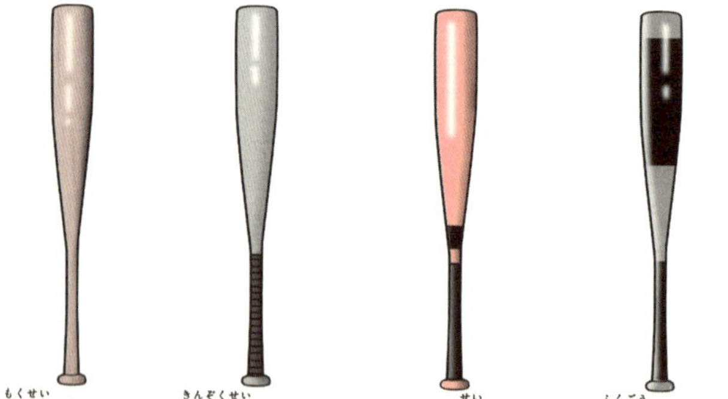

木製《もくせい》バット　金属製《きんぞくせい》バット　カーボン製《せい》バット　複合《ふくごう》バット

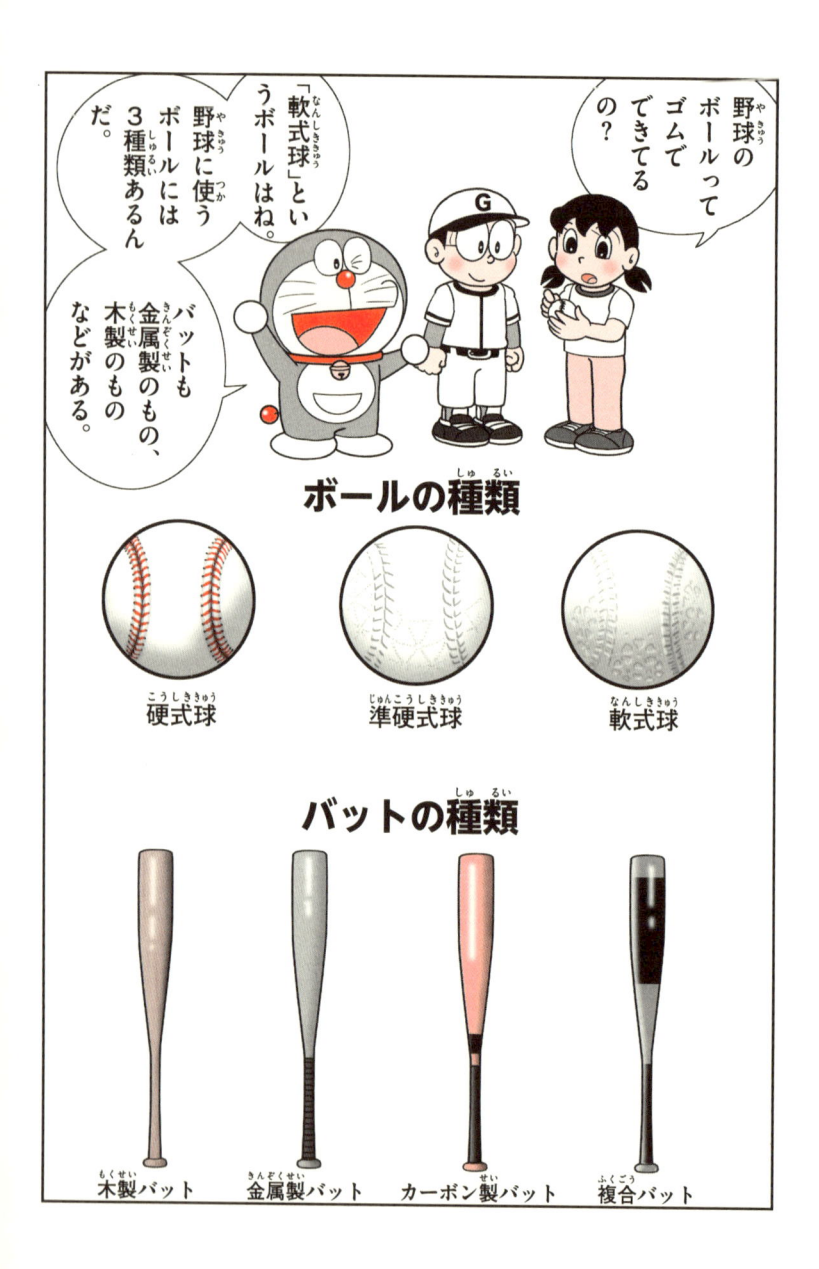

グローブの種類《しゅるい》
内野用《ないやよう》グローブ
外野用《がいやよう》グローブ
キャッチャーミット
ファーストミット
ピッチャーやサード、ショート、セカンド、外野手《がいやしゅ》は「グローブ」、キャッチャーとファーストは「ミット」を使《つか》うよ。
一塁《いちるい》、二塁《にるい》、三塁《さんるい》、本塁《ほんるい》を直線《ちょくせん》で結《むす》んだ四角形《しかっけい》の場所《ばしょ》を「内野《ないや》」、
内野《ないや》の後方地帯《こうほうちたい》を「外野《がいや》」というのね。
グローブやミットは守《まも》る位置《いち》（守備位置《しゅびいち》）によって使《つか》い分《わ》けをしてるんだな。

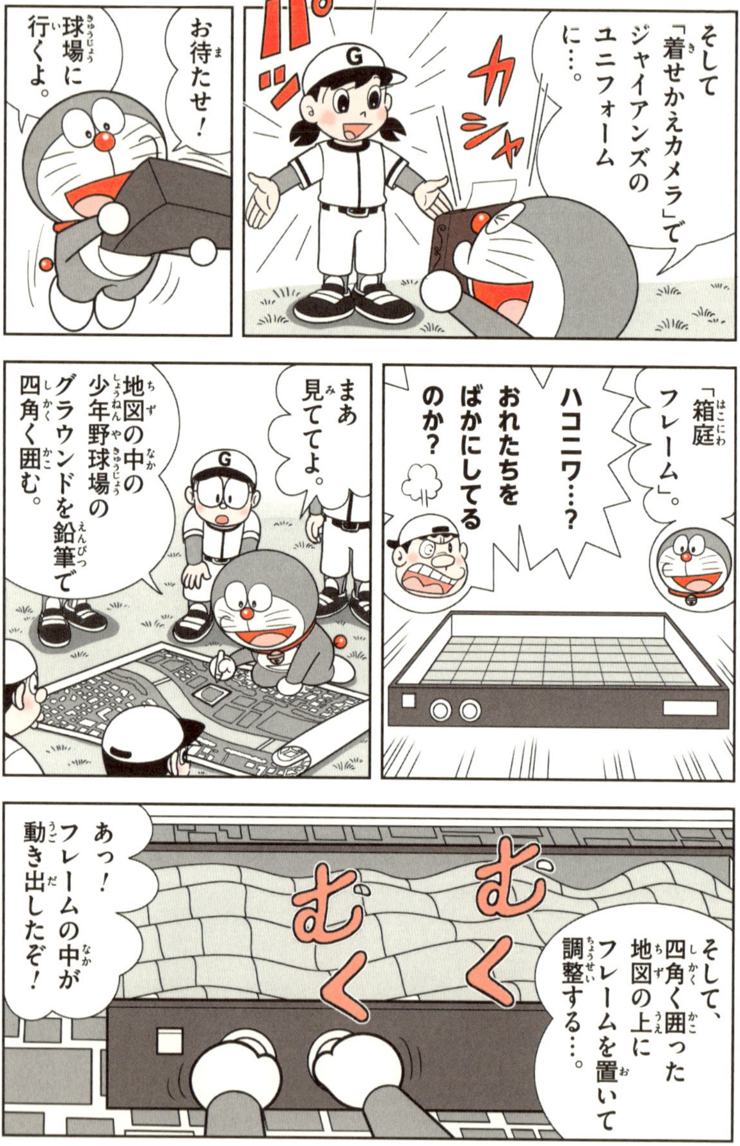
そして「着《き》せかえカメラ」でジャイアンズのユニフォームに…。
カシャ
パッ
お待《ま》たせ！
球場《きゅうじょう》に行《い》くよ。
「箱庭《はこにわ》フレーム」。
ハコニワ…？おれたちをばかにしてるのか？
まあ見《み》ててよ。
地図《ちず》の中《なか》の少年《しょうねん》野《や》球場《きゅうじょう》のグラウンドを鉛筆《えんぴつ》で四角《しかく》く囲《かこ》む。
そして、四角《しかく》く囲《かこ》った地図《ちず》の上《うえ》にフレームを置《お》いて調整《ちょうせい》する…。
むくむく
あっ！フレームの中《なか》が動《うご》き出《だ》したぞ！

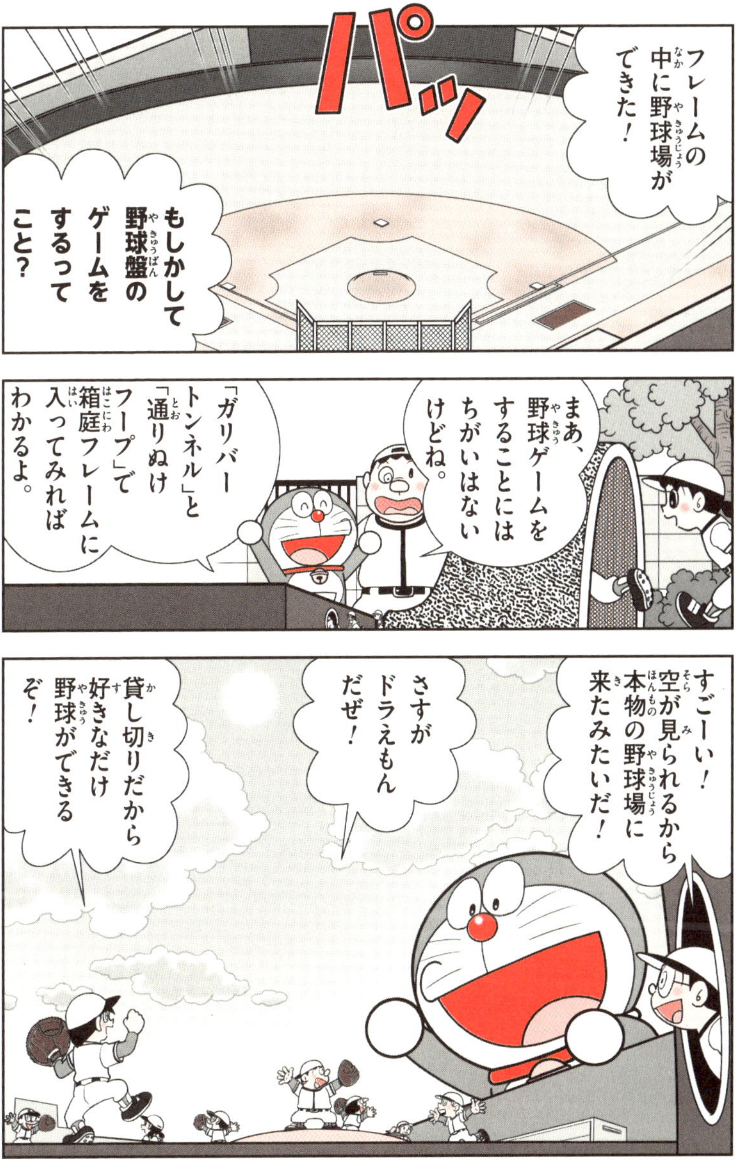
フレームの中《なか》に野《や》球場《きゅうじょう》ができた！
パッ
もしかして野《や》球盤《きゅうばん》のゲームをするってこと？
まあ、野《や》球《きゅう》ゲームをすることにはちがいはないけどね。
「ガリバートンネル」と「通《とお》りぬけフープ」で箱庭《はこにわ》フレームに入《はい》ってみればわかるよ。
すごーい！空《そら》が見《み》られるから本物《ほんもの》の野《や》球場《きゅうじょう》に来《き》たみたいだ！
さすがドラえもんだぜ！
貸《か》し切《き》りだから好《す》きなだけ野《や》球《きゅう》ができるぞ！

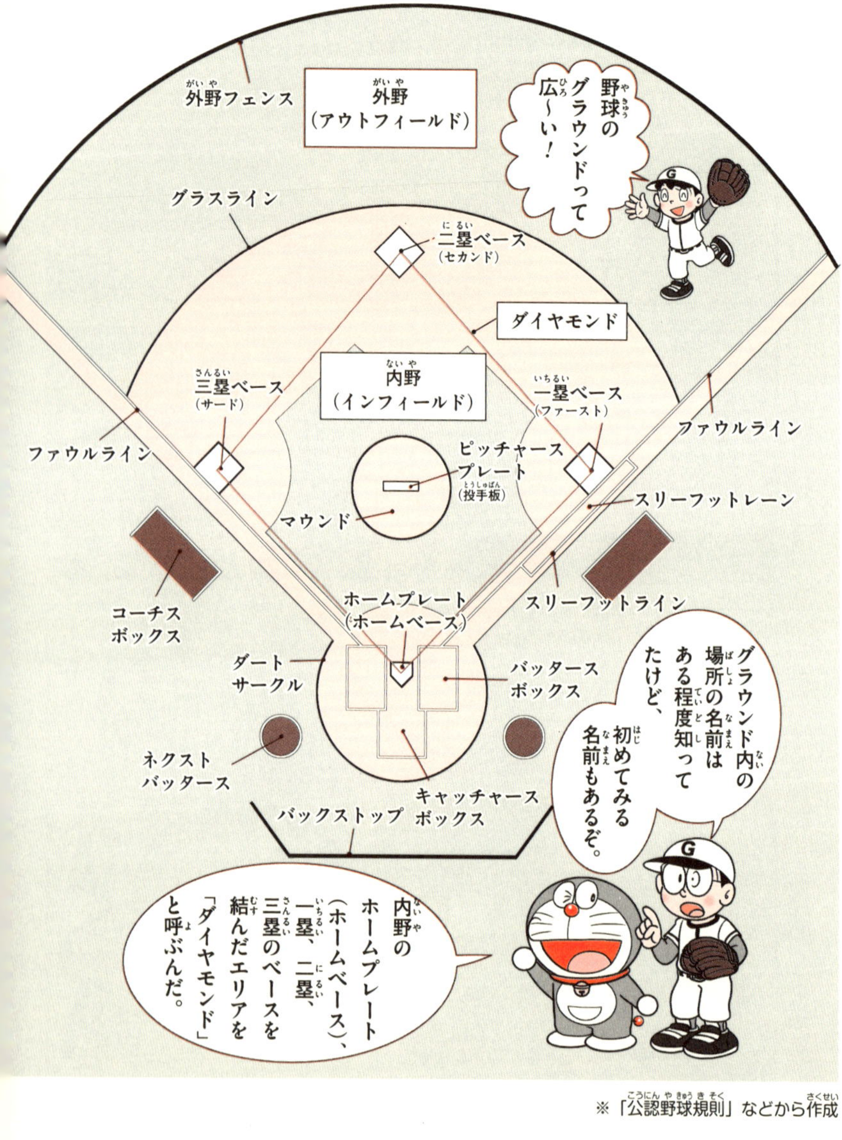
外野《がいや》フェンス
外野《がいや》
（アウトフィールド）
野球《やきゅう》のグラウンドって広《ひろ》～い！
グラスライン
二塁《にるい》ベース
（セカンド）
ダイヤモンド
内野《ないや》
（インフィールド）
三塁《さんるい》ベース
（サード）
一塁《いちるい》ベース
（ファースト）
ファウルライン
ファウルライン
ピッチャースプレート
（投手板《とうしゅばん》）
スリーフットレーン
マウンド
コーチスボックス
スリーフットライン
ホームプレート
（ホームベース）
ダートサークル
バッタースボックス
ネクストバッタース
キャッチャースボックス
バックストップ
グラウンド内《ない》の場所《ばしょ》の名前《なまえ》はある程度《ていど》知ってたけど、初《はじ》めてみる名前《なまえ》もあるぞ。
内野《ないや》のホームプレート（ホームベース）、一塁《いちるい》、二塁《にるい》、三塁《さんるい》のベースを結《むす》んだエリアを「ダイヤモンド」と呼《よ》ぶんだ。

※「公認野球規則《こうにんやきゅうきそく》」などから作成《さくせい》

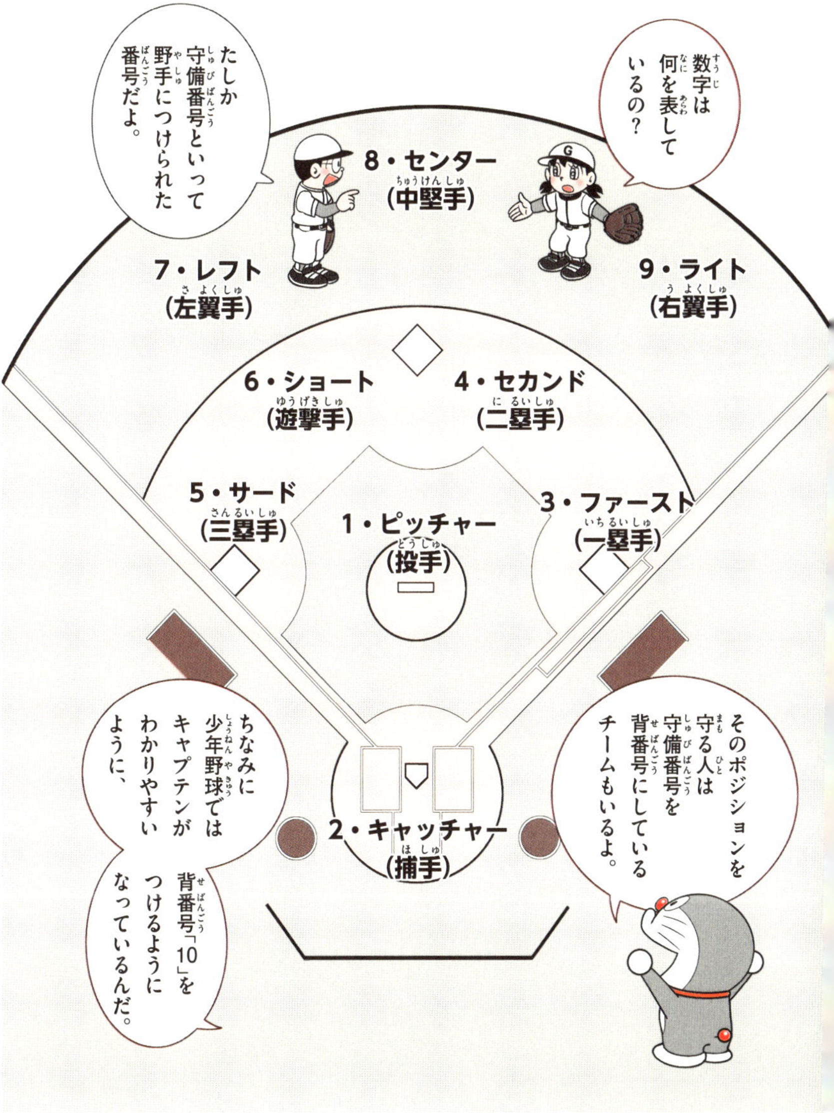
数字《すうじ》は何《なに》を表《あらわ》しているの？
たしか守備番号《しゅびばんごう》といって野手《やしゅ》につけられた番号《ばんごう》だよ。
8・センター
（中堅手《ちゅうけんしゅ》）
7・レフト
（左翼手《さよくしゅ》）
9・ライト
（右翼手《うよくしゅ》）
6・ショート
（遊撃手《ゆうげきしゅ》）
4・セカンド
（二塁手《にるいしゅ》）
5・サード
（三塁手《さんるいしゅ》）
1・ピッチャー
（投手《とうしゅ》）
3・ファースト
（一塁手《いちるいしゅ》）
2・キャッチャー
（捕手《ほしゅ》）
そのポジションを守《まも》る人《ひと》は守備番号《しゅびばんごう》を背番号《せばんごう》にしているチームもいるよ。
ちなみに少年野球《しょうねんやきゅう》ではキャプテンがわかりやすいように、背番号《せばんごう》「10」をつけるようになっているんだ。

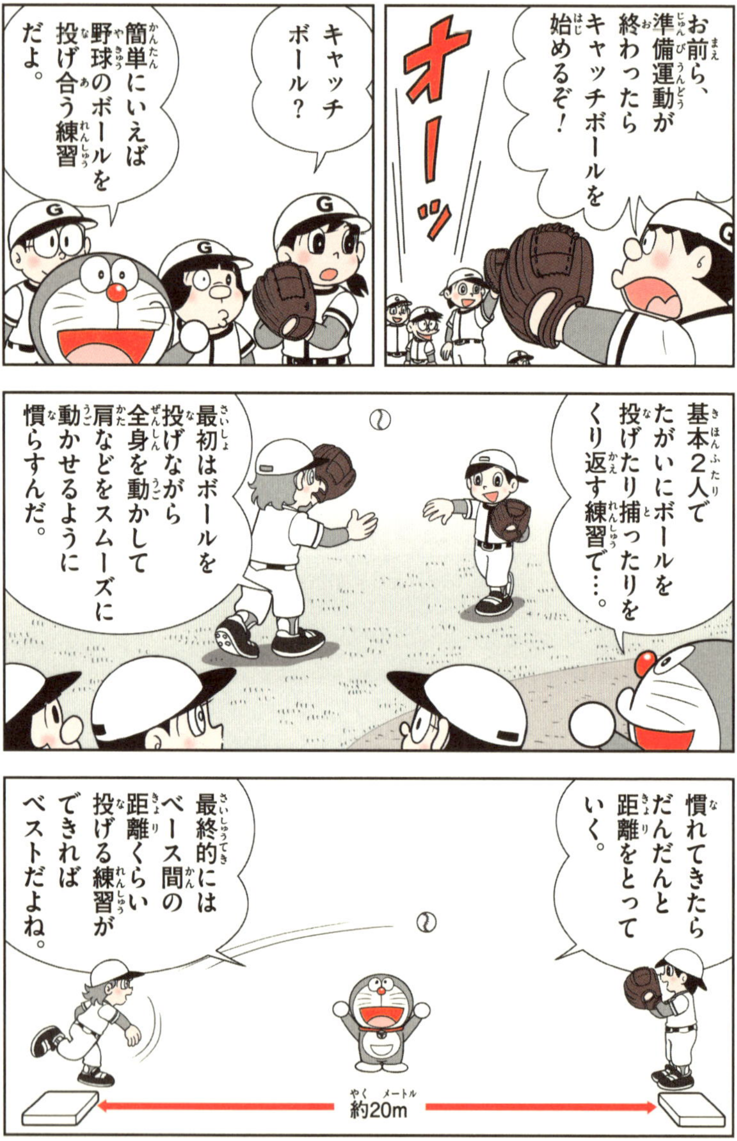

お前《まえ》ら、準備運動《じゅんびうんどう》が終《お》わったらキャッチボールを始《はじ》めるぞ！
オーーッ
キャッチボール？
簡単《かんたん》にいえば野球《やきゅう》のボールを投《な》げ合《あ》う練習《れんしゅう》だよ。
基本《きほん》２人《ふたり》でたがいにボールを投《な》げたり捕《と》ったりをくり返《かえ》す練習《れんしゅう》で…。
最初《さいしょ》はボールを投《な》げながら全身《ぜんしん》を動《うご》かして肩《かた》などをスムーズに動《うご》かせるように慣《な》らすんだ。
慣《な》れてきたらだんだんと距離《きょり》をとっていく。
最終的《さいしゅうてき》にはベース間《かん》の距離《きょり》くらい投《な》げる練習《れんしゅう》ができればベストだよね。
約《やく》20m《メートル》

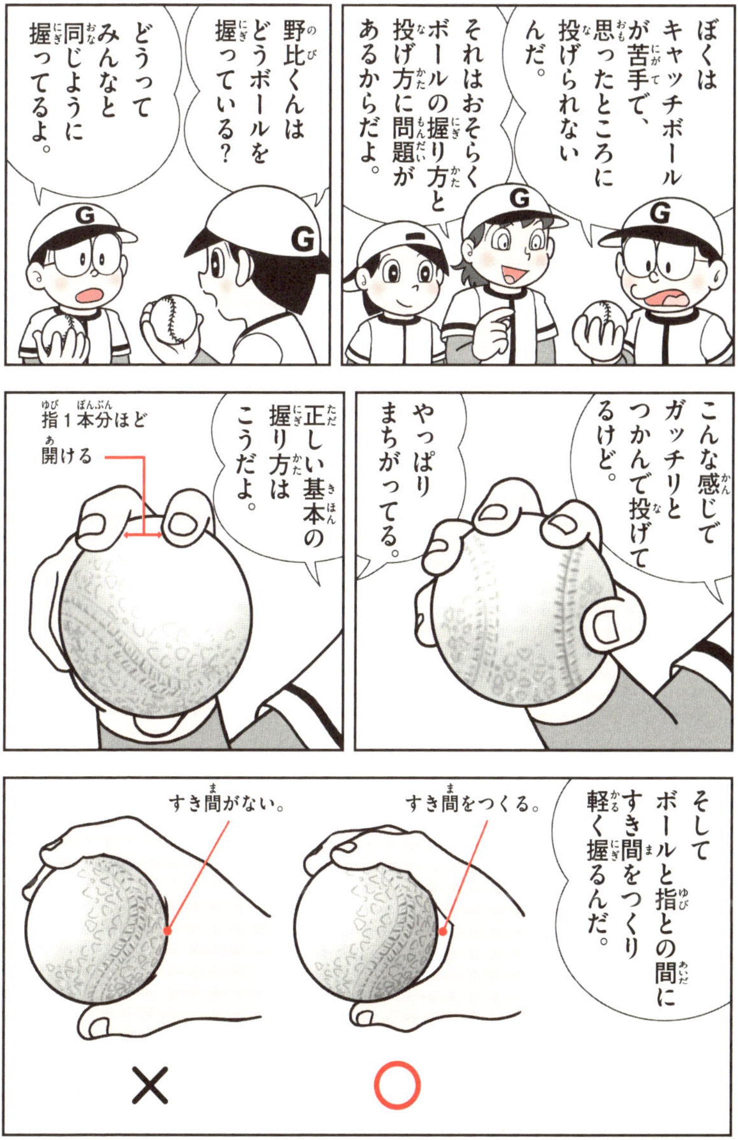
ぼくはキャッチボールが苦手《にがて》で、思《おも》ったところに投《な》げられないんだ。
それはおそらくボールの握《にぎ》り方《かた》と投《な》げ方《かた》に問題《もんだい》があるからだよ。
野比《のび》くんはどうボールを握《にぎ》っている？
どうってみんなと同《おな》じように握《にぎ》ってるよ。
こんな感《かん》じでガッチリとつかんで投《な》げてるけど。
やっぱりまちがってる。
正《ただ》しい基本《きほん》の握《にぎ》り方《かた》はこうだよ。
指《ゆび》1本分《ぽんぶん》ほど開《あ》ける
そしてボールと指《ゆび》との間《あいだ》にすき間《ま》をつくり軽《かる》く握《にぎ》るんだ。
すき間《ま》をつくる。
○
すき間《ま》がない。
×

キャッチボールする用意《ようい》ができたら投《な》げる側《がわ》は相手《あいて》が右投《みぎな》げなら左肩《ひだりかた》をねらうにして投《な》げよう。
逆《ぎゃく》に相手《あいて》が左投《ひだりな》げなら右肩《みぎかた》をねらおう。そうすると、相手《あいて》が捕《と》りやすいよ。

構《かま》え〜投《な》げ終《お》わるまでの４ステップ

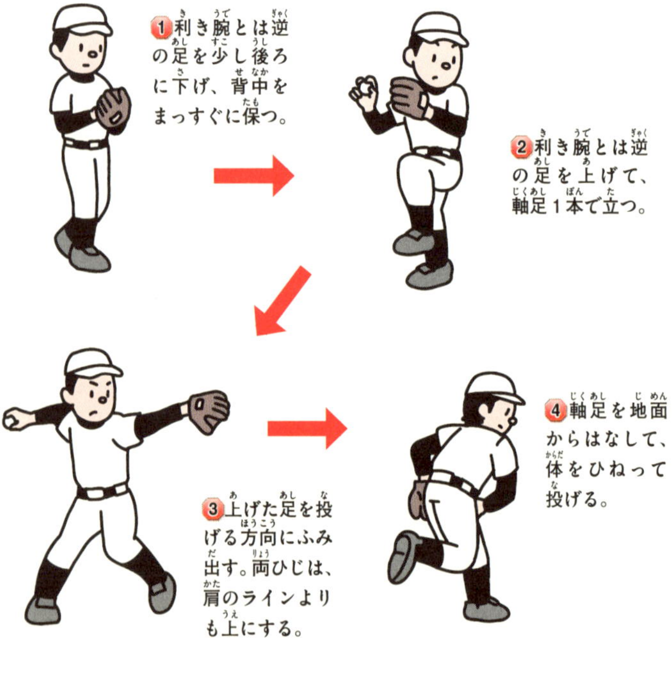
❶利《き》き腕《うで》とは逆《ぎゃく》の足《あし》を少《すこ》し後《うし》ろに下《さ》げ、背中《せなか》をまっすぐに保《たも》つ。
❷利《き》き腕《うで》とは逆《ぎゃく》の足《あし》を上《あ》げて、軸足《じくあし》1本《ぽん》で立《た》つ。
❸上《あ》げた足《あし》を投《な》げる方向《ほうこう》にふみ出《だ》す。両《りょう》ひじは、肩《かた》のラインよりも上《うえ》にする。
❹軸足《じくあし》を地面《じめん》からはなして、体《からだ》をひねって投《な》げる。

いろいろなキャッチボール

すばやくボールを投《な》げる“クイックスローキャッチボール”

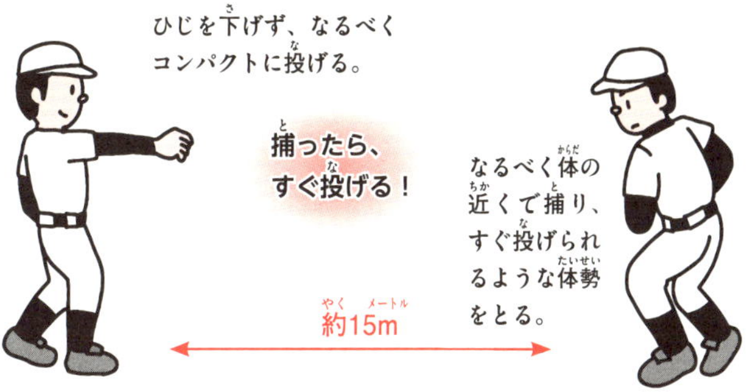
ひじを下《さ》げず、なるべく
コンパクトに投《な》げる。
捕《と》ったら、
すぐ投《な》げる！
なるべく体《からだ》の
近《ちか》くで捕《と》り、
すぐ投《な》げられ
るような体勢《たいせい》
をとる。
約《やく》15m《メートル》

肩《かた》を強化《きょうか》し、遠《とお》くに投《な》げる“遠投《えんとう》キャッチボール”

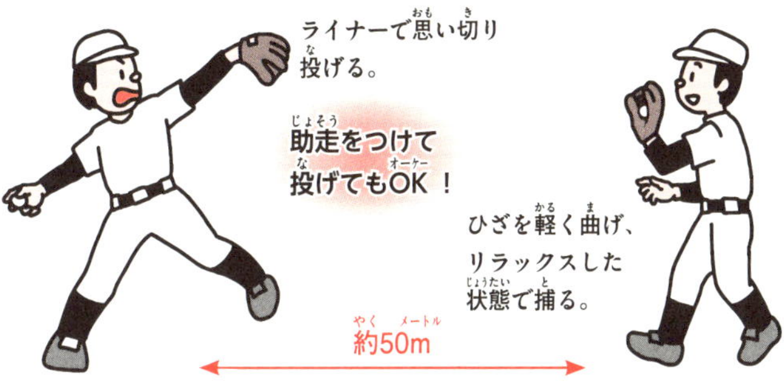
ライナーで思《おも》い切《き》り
投《な》げる。
助走《じょそう》をつけて
投《な》げてもOK《オーケー》！
ひざを軽《かる》く曲《ま》げ、
リラックスした
状態《じょうたい》で捕《と》る。
約《やく》50m《メートル》

キャッチボールは野球《やきゅう》の基本《きほん》である「捕《と》る」「投《な》げる」の2つの動作《どうさ》が入《はい》る大切《たいせつ》な練習《れんしゅう》だ。
キャッチボールを見《み》れば相手《あいて》チームの強《つよ》さがわかるくらいキャッチボールはおろそかにできない練習《れんしゅう》なんだ。

よーし！ぼくらもキャッチボールを始《はじ》めよう！
待《ま》って！3人《にん》にはグローブとボールに慣《な》れる練習《れんしゅう》から始《はじ》めてもらうよ。
グローブとボールに慣《な》れる練習《れんしゅう》？
グローブに向《む》けて自分《じぶん》でボールを投《な》げてキャッチする練習《れんしゅう》からだ。
バシ
バシ
こんなふうにね。
バシ
投《な》げて、キャッチするのをくり返《かえ》していくうちにボールとグローブの感触《かんしょく》を覚《おぼ》えるんだ。
ボールはグローブの中心《ちゅうしん》あたりをめがけて投《な》げるようにする。
バシ
バシ
この練習《れんしゅう》に場所《ばしょ》はいらないから家《いえ》でもできるよね。

次《つぎ》はボールを転《ころ》がすからグローブで捕《と》ってみて。
転《ころ》がす、ゴロってことね。
はい！
あっ！
ポ
コロコロ…
はい！
あら？
コロコロ…
はい！
あー！
ポ
コン
コロ コロ‥
なんでこんなゆっくりなゴロが捕《と》れないんだろ？
転《ころ》がってくるボールに体《からだ》とグローブをどう動《うご》かしていいかわからなかったわ。

ゴロを捕《と》るときはグローブの捕《と》る側《がわ》を下《した》向《む》きに開《ひら》いて構《かま》える。
ボールがグローブに入《はい》ったらこぼれないように右手《みぎて》を添《そ》えてカバーすることを覚《おぼ》えてほしい。

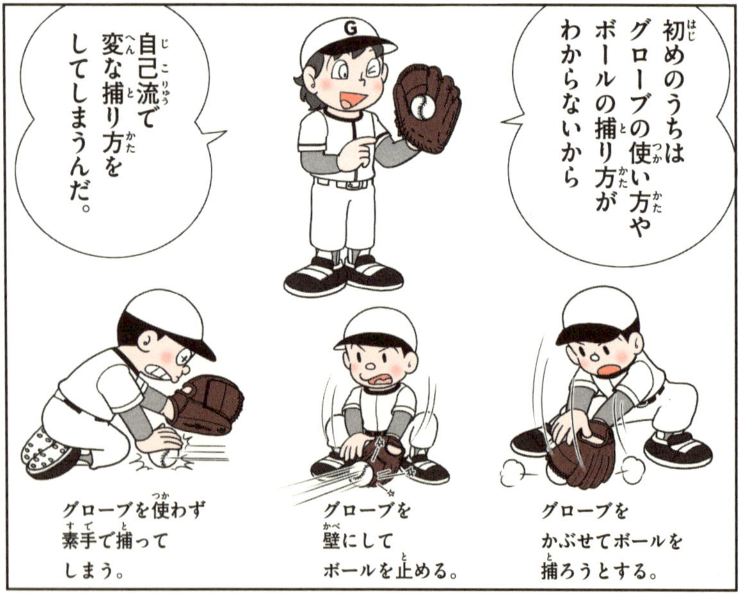
初《はじ》めのうちはグローブの使《つか》い方《かた》やボールの捕《と》り方《かた》がわからないから
自己流《じこりゅう》で変《へん》な捕《と》り方《かた》をしてしまうんだ。
グローブを使《つか》わず素手《すで》で捕《と》ってしまう。
グローブを壁《かべ》にしてボールを止《と》める。
グローブをかぶせてボールを捕《と》ろうとする。

キャッチボールは野球《やきゅう》の基本《きほん》の「捕《と》る」「投《な》げる」の2つの動作《どうさ》が入《はい》る大切《たいせつ》な練習《れんしゅう》だといったけど
この「捕《と》る」「投《な》げる」ができなければキャッチボールの練習《れんしゅう》は成立《せいりつ》しないことになる。
そうか…、グローブやボールに慣《な》れてもいないぼくらにはキャッチボールはまだ早《はや》いわけだね。
ボールとグローブに慣《な》れる練習《れんしゅう》をする意味《いみ》がよくわかったわ。
よーしもっともっと練習《れんしゅう》するぞ！
その意気《いき》その意気《いき》！
グローブとボールに慣《な》れる練習《れんしゅう》メニューを考《かんが》えたからさっそくやってみよう！

グローブでバケツにボールを入《い》れる練習《れんしゅう》は
どっちが多《おお》くボールを入《い》れるかを競争《きょうそう》してもおもしろいかもね。

転《ころ》がってるたくさんの
ボールをグローブでつかみ、
バケツに移《うつ》す練習《れんしゅう》。

手《て》を使《つか》わずに
グローブとグローブで
キャッチボールをする。

おたがいに下手《したて》でボールを
投《な》げて捕球《ほきゅう》する練習《れんしゅう》。
慣《な》れてきたら少《すこ》しずつ
距離《きょり》を長《なが》くする。

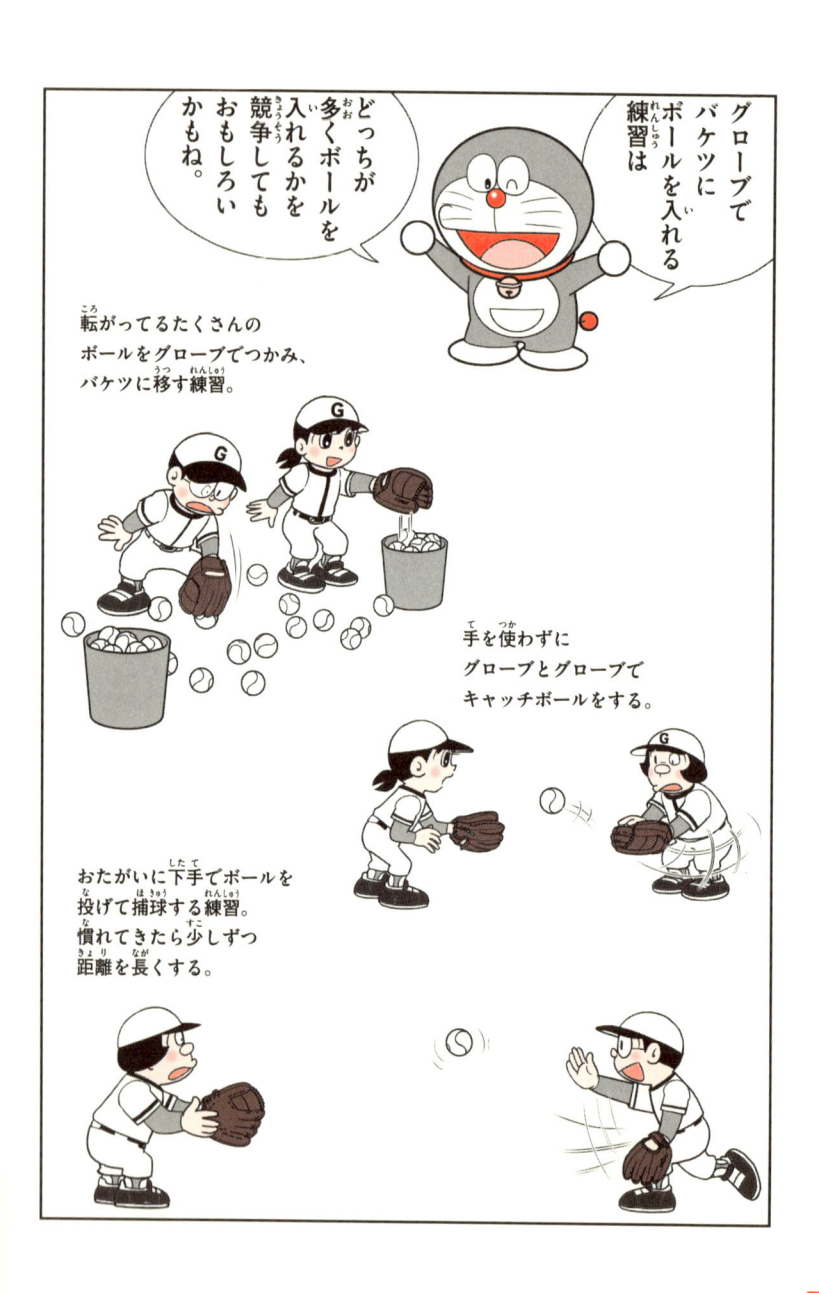

バウンドさせたボールを
捕《と》る練習《れんしゅう》。
ポーン
左右《さゆう》に転《ころ》がしたボールを
捕球《ほきゅう》する練習《れんしゅう》。
足《あし》の運《はこ》び方《かた》が難《むずか》しい。
ササッ
ササッ
壁《かべ》にボールを当《あ》てて
跳《は》ね返《かえ》ってきたボールを
捕球《ほきゅう》する(人《ひと》に迷惑《めいわく》をかけない
ことが条件《じょうけん》)。
コン
ポン
グローブとボールに慣《な》れる練習《れんしゅう》を自分《じぶん》でも考《かんが》えてみよう。
楽《たの》しんで練習《れんしゅう》してね!

野球《やきゅう》のグラウンド

◆ピッチャースプレート（投手板《とうしゅばん》）

学童野球《がくどうやきゅう》では、たて13㎝、よこ51㎝で設置《せっち》されているよ。投手《とうしゅ》はピッチャースプレートに軸足《じくあし》がふれている状態《じょうたい》から投《な》げ始《はじ》めないといけないんだ。

◆ベース

「一塁《いちるい》」「二塁《にるい》」「三塁《さんるい》」「本塁《ほんるい》（ホーム）」の4つのベースが反時計《はんとけい》回《まわ》りに置《お》かれているよ。一塁《いちるい》・二《に》塁《るい》・三塁《さんるい》は四角形《しかっけい》で、ホームベースは五角形《ごかっけい》なんだ。

◆外野《がいや》フェンス

学童野球《がくどうやきゅう》では、ホームから両翼《りょうよく》が70ｍ、センターが85ｍ以上《いじょう》はなれるよう設置《せっち》されているよ。

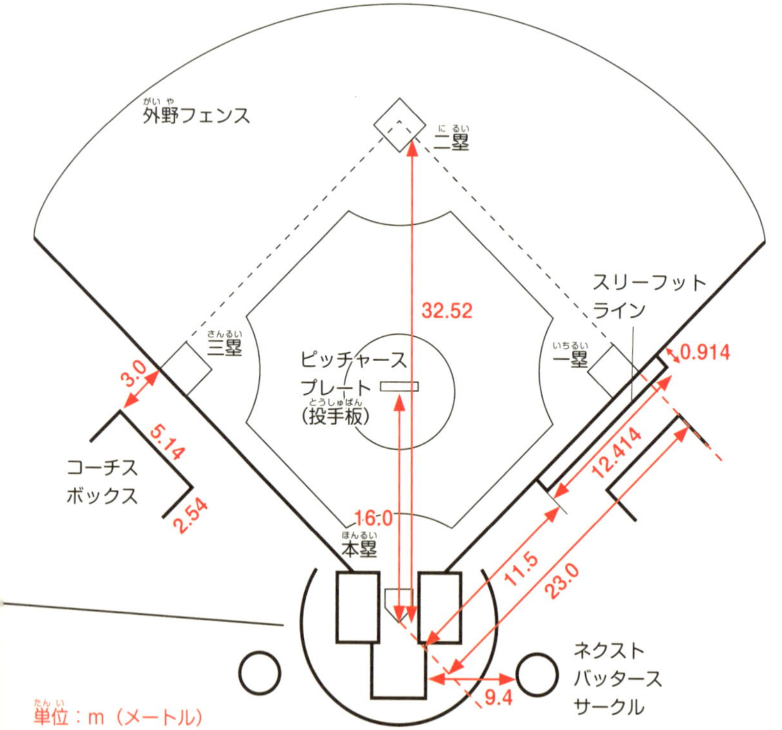

単位《たんい》：m（メートル）

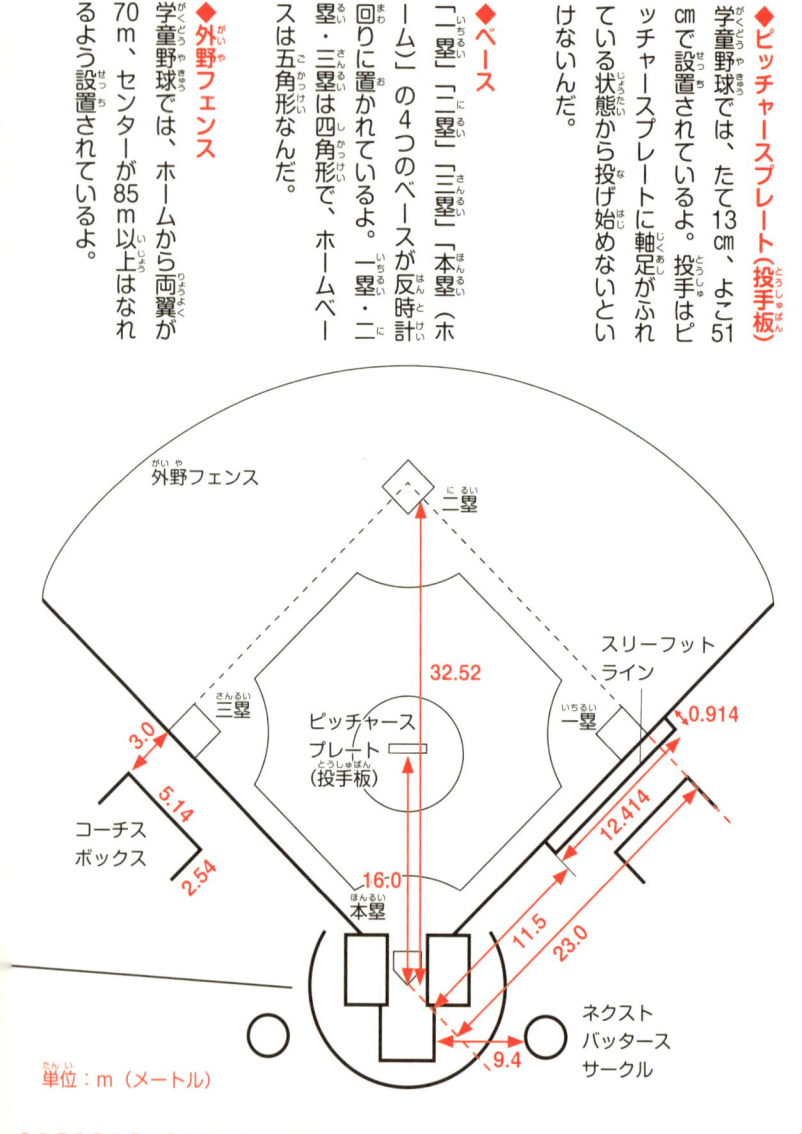

◆**コーチスボックス**

バッターやランナーにサインを出《だ》し、指示《しじ》を送《おく》るコーチが立《た》つ場《ば》所《しょ》。攻撃側《こうげきがわ》のチームのコーチである「ランナーコーチ」が入《はい》るんだ。

◆**スリーフットライン**

一塁《いちるい》ファウルラインから91・4㎝分外側《ぶんそとがわ》に引《ひ》かれている。バッターが一塁《いちるい》へ走《はし》るとき、この線《せん》の内側《うちがわ》を走《はし》らないといけないんだ。

◆**ネクストバッタースサークル**

次《つぎ》のバッターが準備《じゅんび》をして待《ま》つ場《ば》所《しょ》のことで、大《おお》きさは直径約《ちょっけいやく》1.5m。次《つぎ》のバッターは素振《すぶ》りなどをしながらバッタースボックスに入《はい》る準《じゅん》備《び》をするよ。

◆**バッタースボックス**

ホームベースの左右両側《さゆうりょうがわ》でバッターが攻撃《こうげき》を行《おこな》う場所《ばしょ》。バッターはバッタースボックス内《ない》でのみ打《う》つことが認《みと》められているよ。

◆**キャッチャースボックス**

キャッチャーがボールを受《う》ける場《ば》所《しょ》。キャッチャーは、バッタースボックスの後《うし》ろに「コ」の字《じ》で引《ひ》かれた線《せん》の内側《うちがわ》で捕球《ほきゅう》するよ。

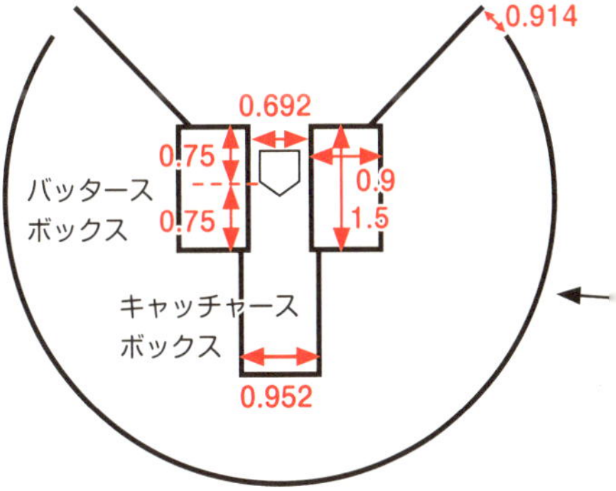
0.914
0.692
0.75
0.75
バッタース
ボックス
0.9
1.5
キャッチャース
ボックス
0.952

学童《がくどう》野球《やきゅう》のグラウンドは、プロ野球《やきゅう》や高校《こうこう》野球《やきゅう》のものより少《すこ》し小《ちい》さいんだ。

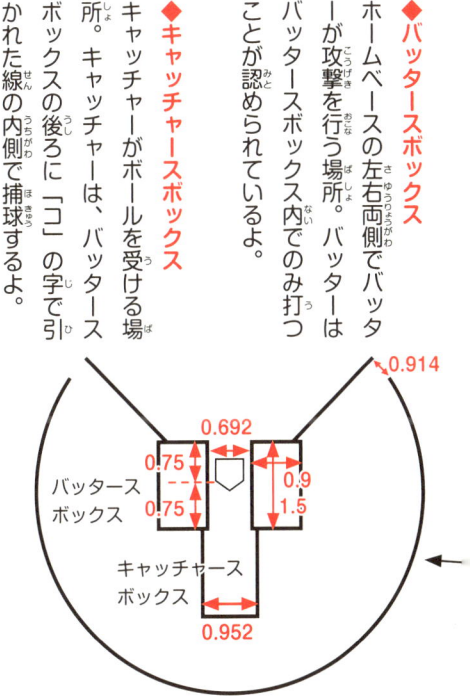

練習前《れんしゅうまえ》の準備《じゅんび》

体《からだ》の準備《じゅんび》（ストレッチ運動《うんどう》）

走《はし》ることが多《おお》い野球《やきゅう》において、痛《いた》めやすいといわれている足《あし》やひざ。バッティングや走塁《そうるい》のほか、投球《とうきゅう》でも投《な》げた後《あと》に片足《かたあし》で体《からだ》を支《ささ》えることから、ふみ出《だ》す足《あし》のひざには大《おお》きな負担《ふたん》がかかっているよ。練習前《れんしゅうまえ》に伸脚《しんきゃく》や屈伸《くっしん》、ひざ回《まわ》しなどを念入《ねんい》りに行《おこな》おう。

足《あし》
ひざ

ひじ
肩《かた》

ボールを投《な》げるときに生《しょう》じるひじや肩《かた》の痛《いた》みを「野球《やきゅう》ひじ」や「野球《やきゅう》肩《かた》」というよ。筋肉《きんにく》や骨《ほね》が発達段階《はったつだんかい》にある子《こ》どもの場合《ばあい》、大人《おとな》にくらべて野球《やきゅう》ひじ・野球肩《やきゅうかた》になりやすいから、手首《てくび》を背屈《はいくつ》させて指《ゆび》を引《ひ》っぱったり、ひじを後《うし》ろに回《まわ》して逆側《ぎゃくがわ》に引《ひ》き寄《よ》せたり、腕《うで》を体《からだ》の前《まえ》でクロスさせたりして、筋肉《きんにく》をほぐそう。

けがを防《ふせ》ぐには、日《ひ》ごろのストレッチが大事《だいじ》だよ！
背中《せなか》や腰《こし》のストレッチも必要《ひつよう》よね。調《しら》べてみましょう。

道具《どうぐ》の準備《じゅんび》

野球《やきゅう》をするうえで必要《ひつよう》な道具《どうぐ》と使《つか》う前《まえ》に確認《かくにん》すること

☑ グローブ・ミット

自分《じぶん》の手《て》にぴったりの（手《て》を入《い》れたときにきつくなく、ぶかぶかしない）サイズのものを使《つか》おう。革《かわ》にひび割《わ》れが起《お》きたり破《やぶ》れたりしていないか、ひもが切《き》れていないかを確認《かくにん》しよう。

☑ バット

木製《もくせい》でも金属製《きんぞくせい》でも、折《お》れていたり割《わ》れていたりしていないか、表面《ひょうめん》にへこみやひび、しわがないかを確認《かくにん》しよう。

☑ スパイク

少年野球《しょうねんやきゅう》の場合《ばあい》、靴裏《くつうら》に金具《かなぐ》のでっぱりがついている「金具《かなぐ》スパイク」の使用《しよう》は禁止《きんし》されているよ。「ポイントスパイク」と呼《よ》ばれる、先《さき》のとがっていないでっぱりがついたスパイクにしよう。必《かなら》ず自分《じぶん》の足《あし》に合《あ》ったサイズを選《えら》び、布《ぬの》が破《やぶ》れていないか、靴裏《くつうら》がすり減《へ》っていないかを確認《かくにん》しよう。

☑ 手袋《てぶくろ》

バッティング用《よう》と守備用《しゅびよう》の手袋《てぶくろ》があるよ。各《かく》ポジションに応《おう》じたもので、自分《じぶん》の手《て》に合《あ》ったサイズを使《つか》おう。破《やぶ》れていないか、穴《あな》が空《あ》いていないかを確認《かくにん》しよう。

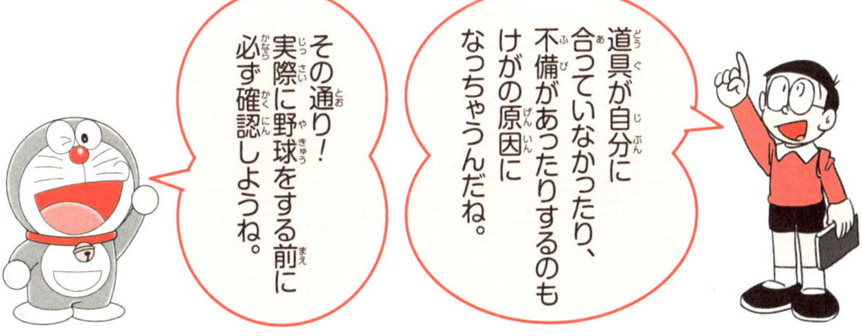

道具《どうぐ》が自分《じぶん》に合《あ》っていなかったり、不備《ふび》があったりするのもけがの原因《げんいん》になっちゃうんだね。
その通《とお》り！実際《じっさい》に野球《やきゅう》をする前《まえ》に必《かなら》ず確認《かくにん》しようね。

遠《とお》くに強《つよ》く投《な》げるコツ

コツ① 横向《よこむ》きから体《からだ》をひねって投《な》げる

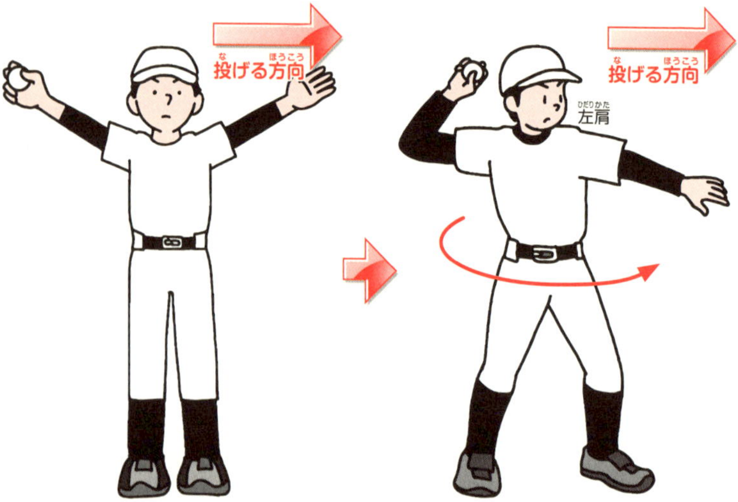
投《な》げる方向《ほうこう》
投《な》げる方向《ほうこう》
左肩《ひだりかた》

1 投《な》げる方向《ほうこう》に向《む》かって横向《よこむ》きの姿勢《しせい》で、両《りょう》ひじの位置《いち》を肩《かた》の高《たか》さまであげる。このとき、ひじが下《さ》がらないように注意《ちゅうい》しよう。

2 左肩《ひだりかた》を投《な》げる方向《ほうこう》に向《む》けたまま、おへそが 90 度回《どまわ》って前《まえ》を向《む》くようにボールを投《な》げよう。また、ボールを持《も》つ手《て》は耳《みみ》の後《うし》ろから前《まえ》に出《だ》そう。

腕《うで》は棒《ぼう》みたいにまっすぐじゃなく、むちみたいにしならせて振《ふ》るんだ！

コツ② ふみ出《だ》した足《あし》を強《つよ》くふんばって投《な》げる

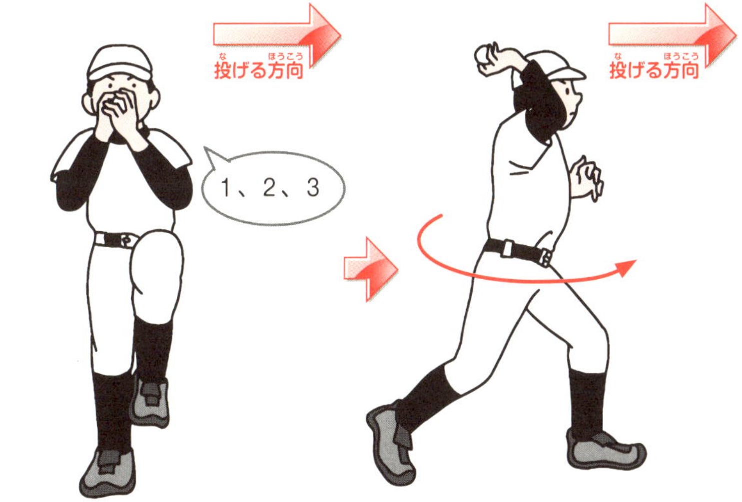
投《な》げる方向《ほうこう》
1、2、3
投《な》げる方向《ほうこう》

1 ひざをベルトの高《たか》さまであげる。ひざをあげたら、その姿勢《しせい》のまま「1、2、3」と3つ数《かぞ》えよう。

2 3つ数《かぞ》えたら、前《まえ》にふみ出《だ》して投《な》げる。このとき、46ページの 2 と同《おな》じように「体《からだ》をひねって」、「ボールは耳《みみ》の後《うし》ろ」から投《な》げよう。

遠《とお》くに強《つよ》く
投《な》げるには、
体《からだ》全《ぜん》体《たい》を使《つか》った
投《な》げ方《かた》が
大《だい》事《じ》なんだね。

ボールを上手《じょうず》に捕《と》るコツ

コツ① グローブの“ポケット”で捕《と》る

グローブでいちばんボールをつかみやすいところを「ポケット」というよ。ボールを目《め》で確認《かくにん》しながら、ポケットをボールのほうに向《む》けるようにしよう。

ボールに対《たい》して
グローブのポケットを
正面《しょうめん》に向《む》けることが
コツなんだな。

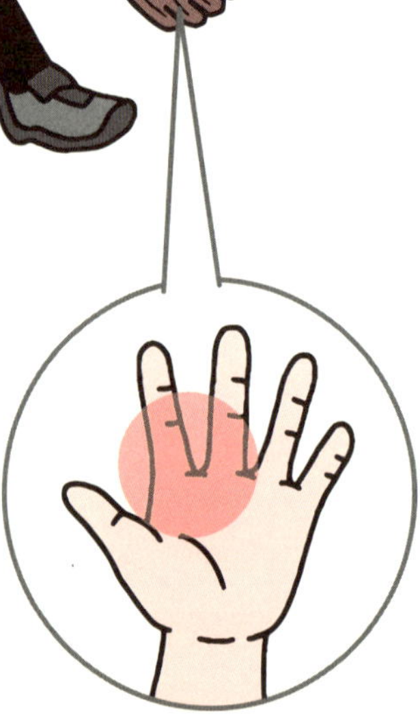

ポケットの位置《いち》は、捕球《ほきゅう》するほうの手《て》の人差《ひとさ》し指《ゆび》と中指《なかゆび》の間《あいだ》のつけ根《ね》あたりだよ。

コツ② ボールが見《み》やすい位置《いち》で捕《と》る

○よい例《れい》

×よくない例《れい》

ボールを目《め》で追《お》えて、すぐにポケットを向《む》けることができるように構《かま》えよう。このとき、足《あし》の親指《おやゆび》のつけ根《ね》で体重《たいじゅう》を感《かん》じて、少《すこ》し前《まえ》にかがむような姿勢《しせい》をとると、ボールに対《たい》してすばやい反応《はんのう》ができるんだ。

ボールを追《お》うときは、次《つぎ》に自分《じぶん》がどんな動《うご》きをしたらいいのか考《かんが》えながら動《うご》くのが大事《だいじ》なんだ。

野球型《やきゅうがた》ゲームで楽《たの》しもう！

キックベースボール

1チーム5～6人《にん》（守備《しゅび》は3人《にん》）でやわらかいボールをけって行《おこな》うゲーム。

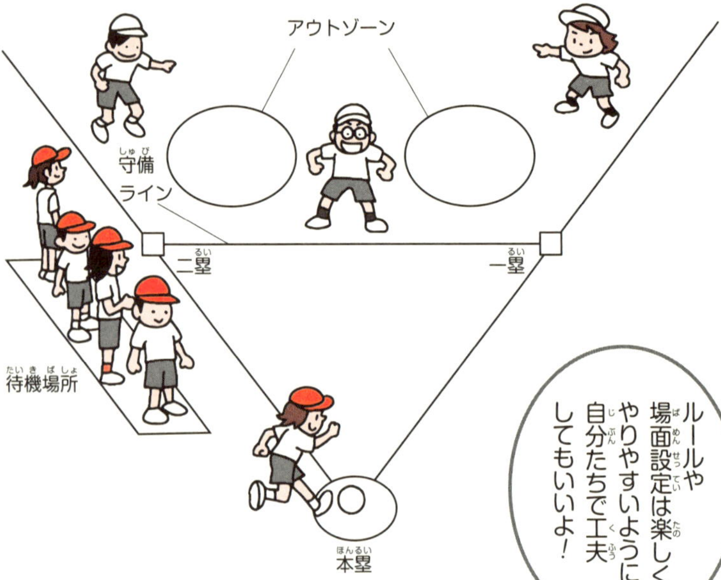

アウトゾーン
守備《しゅび》ライン
二塁《るい》
一塁《るい》
待機場所《たいきばしょ》
本塁《ほんるい》

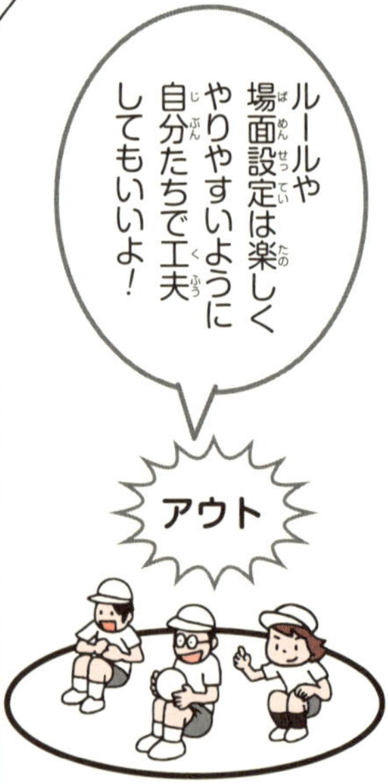

ルールや場面《ばめん》設定《せってい》は楽《たの》しくやりやすいように自分《じぶん》たちで工夫《くふう》してもいいよ！
アウト

アウトコール時《じ》

【ルール・場面《ばめん》の設定例《せっていれい》】

- 攻撃側《こうげきがわ》が本塁《ほんるい》に置《お》いたボールをける。
- 守備側《しゅびがわ》はボールを捕《と》ったあと、全員《ぜんいん》が「アウトゾーン」に集《あつ》まり、「アウト」と大《おお》きな声《こえ》で言《い》うことで「アウト」にできる。
- 攻撃側《こうげきがわ》は「アウト」の声《こえ》がかかるまで進塁《しんるい》することができ、本塁《ほんるい》まで走《はし》れば得点《とくてん》になる。2周《しゅう》目《め》以降《いこう》も走《はし》れば加点《かてん》される。
- 攻撃側《こうげきがわ》の全員《ぜんいん》がボールをけり終《お》えたら攻守交替《こうしゅこうたい》。
- 守備側《しゅびがわ》は「守備《しゅび》ライン」より前《まえ》に出《で》て守備《しゅび》をしてはいけない。

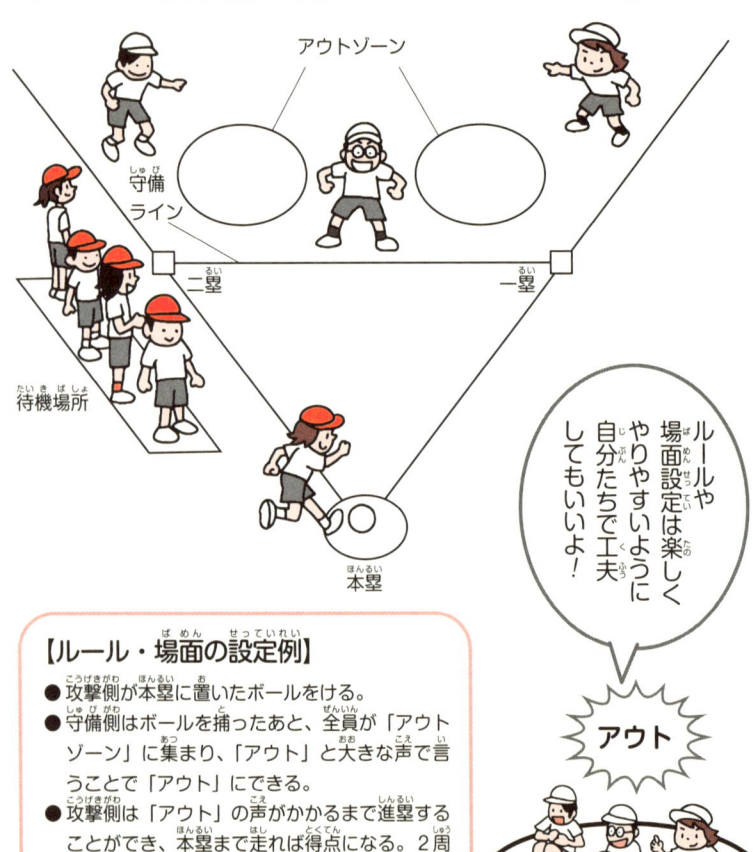

ティーボール

1チーム4～5人《にん》でティー（台）に置《お》いたボールを打《う》って行《おこな》うゲーム。

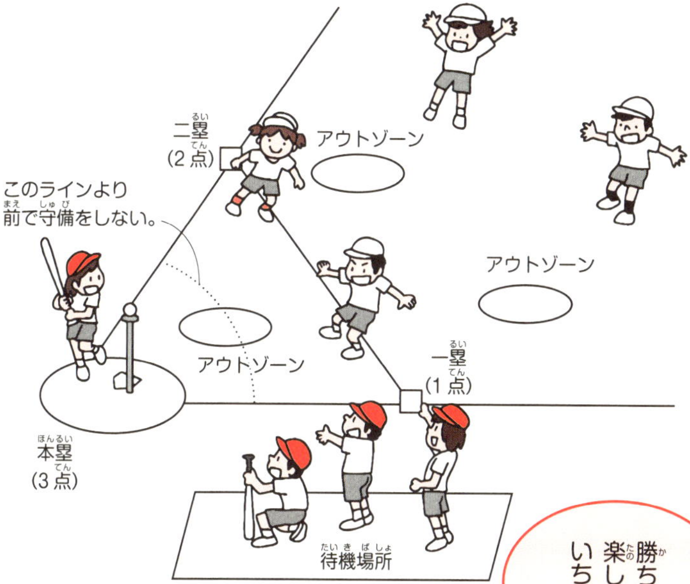

二塁《るい》
(2点《てん》)
アウトゾーン
このラインより
前《まえ》で守《しゅ》備《び》をしない。
アウトゾーン
アウトゾーン
一塁《るい》
(1点《てん》)
本塁《ほんるい》
(3点《てん》)
待機場所《たいきばしょ》

【ルール・場面《ばめん》の設定例《せっていれい》】

- 打者《だしゃ》がティーに置《お》いたボールを打《う》つ。
- アウトにする方法《ほうほう》は、キックベースボール（50ページ）と同《おな》じ。
- 打者《だしゃ》が進塁《しんるい》した数《かず》が得点《とくてん》となり、一塁《いちるい》で1点《てん》、二塁《にるい》で2点《てん》、本塁《ほんるい》で3点《てん》となる。
- 攻撃側《こうげきがわ》の全員《ぜんいん》に打順《だじゅん》が回《まわ》ったら攻守交替《こうしゅこうたい》。
- 守備側《しゅびがわ》は打者《だしゃ》にいちばん近《ちか》いアウトゾーンより前《まえ》に出《で》て守備《しゅび》をしてはいけない。

勝《か》ち負《ま》けよりも
楽《たの》しむことが
いちばん大事《だいじ》！

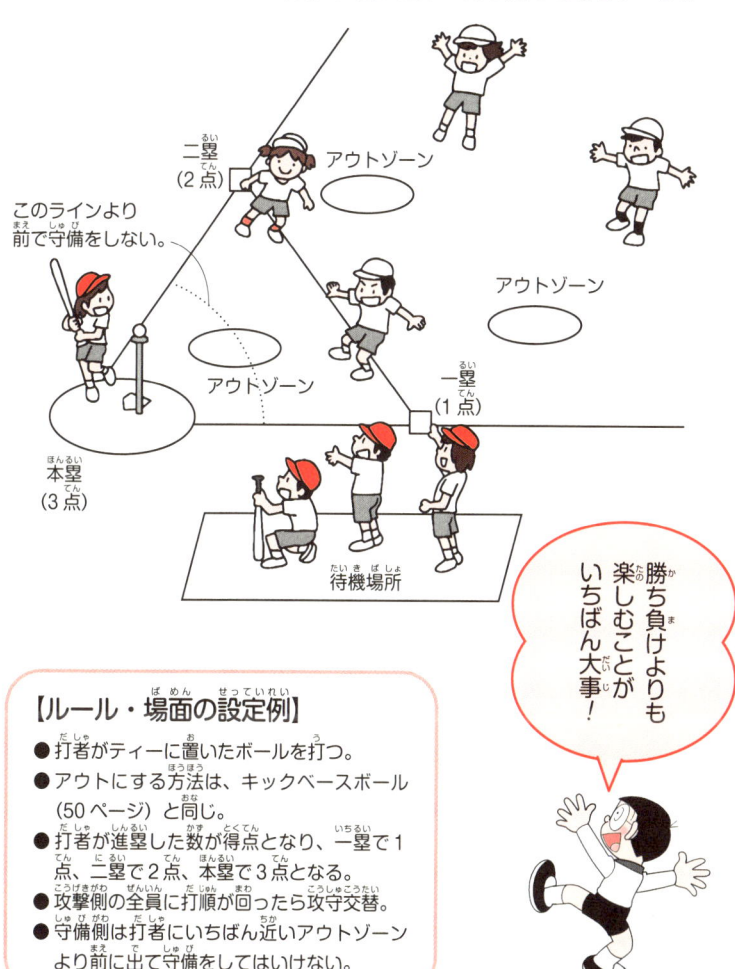

第《だい》2章《しょう》　三振《さんしん》をとってみたい！

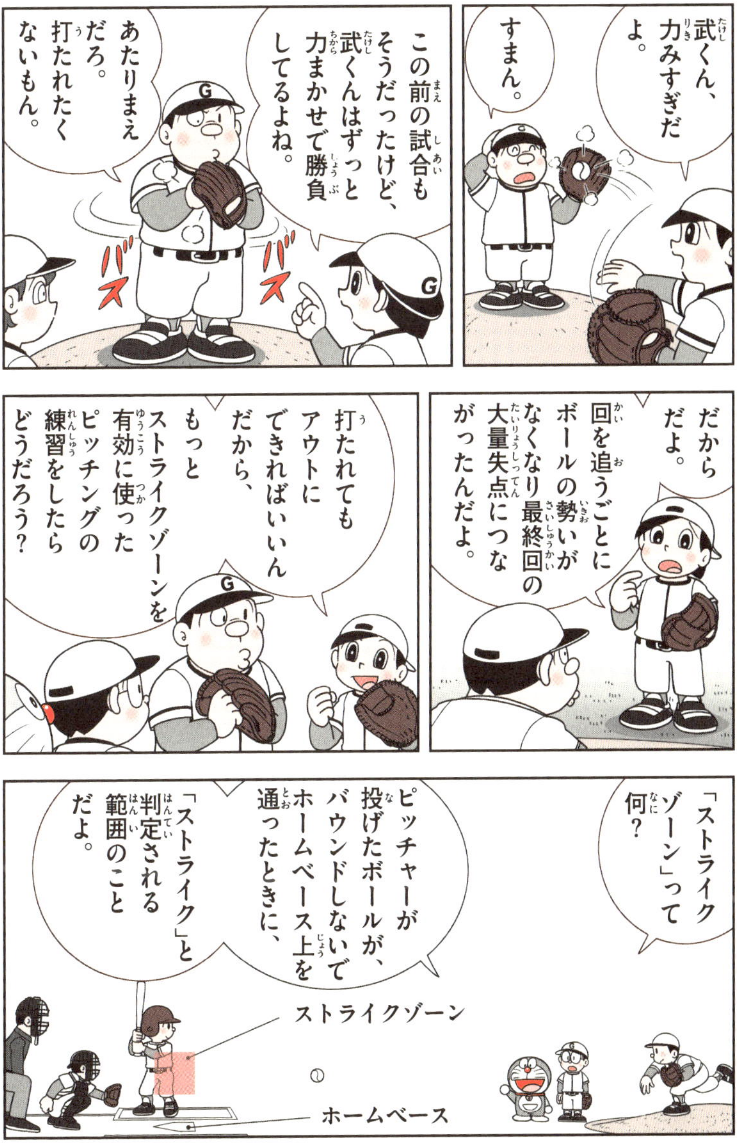

武《たけし》くん、力《りき》みすぎだよ。
すまん。
この前《まえ》の試合《しあい》もそうだったけど、武《たけし》くんはずっと力《ちから》まかせで勝負《しょうぶ》してるよね。
あたりまえだろ。打《う》たれたくないもん。
バス
バス
だからだよ。
回《かい》を追《お》うごとにボールの勢《いきお》いがなくなり最終回《さいしゅうかい》の大量失点《たいりょうしってん》につながったんだよ。
打《う》たれてもアウトにできればいいんだから、もっとストライクゾーンを有効《ゆうこう》に使《つか》ったピッチングの練習《れんしゅう》をしたらどうだろう？
「ストライクゾーン」って何《なに》？
ピッチャーが投《な》げたボールが、バウンドしないでホームベース上《じょう》を通《とお》ったときに、「ストライク」と判定《はんてい》される範囲《はんい》のことだよ。
ストライクゾーン
ホームベース

ボールカウント

野球《やきゅう》は、投手《とうしゅ》が打者《だしゃ》に対《たい》してボールを投《な》げるところから始《はじ》まる。

その投《な》げたボールがホームベース上《じょう》を通過《つうか》すると、「ボールカウント」が判定《はんてい》される。

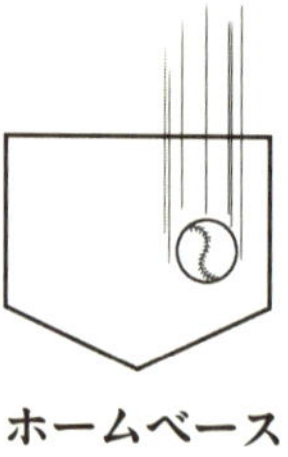

ボールカウントは「ストライク」と「ボール」で判定《はんてい》される。

・ストライクは「打《う》ってほしい球《たま》」

・ボールは「ストライクゾーンを外《はず》れた球《たま》」

その判定《はんてい》は、そのボールが「ストライクゾーン」を通過《つうか》したかどうかで決《き》まるんだ。

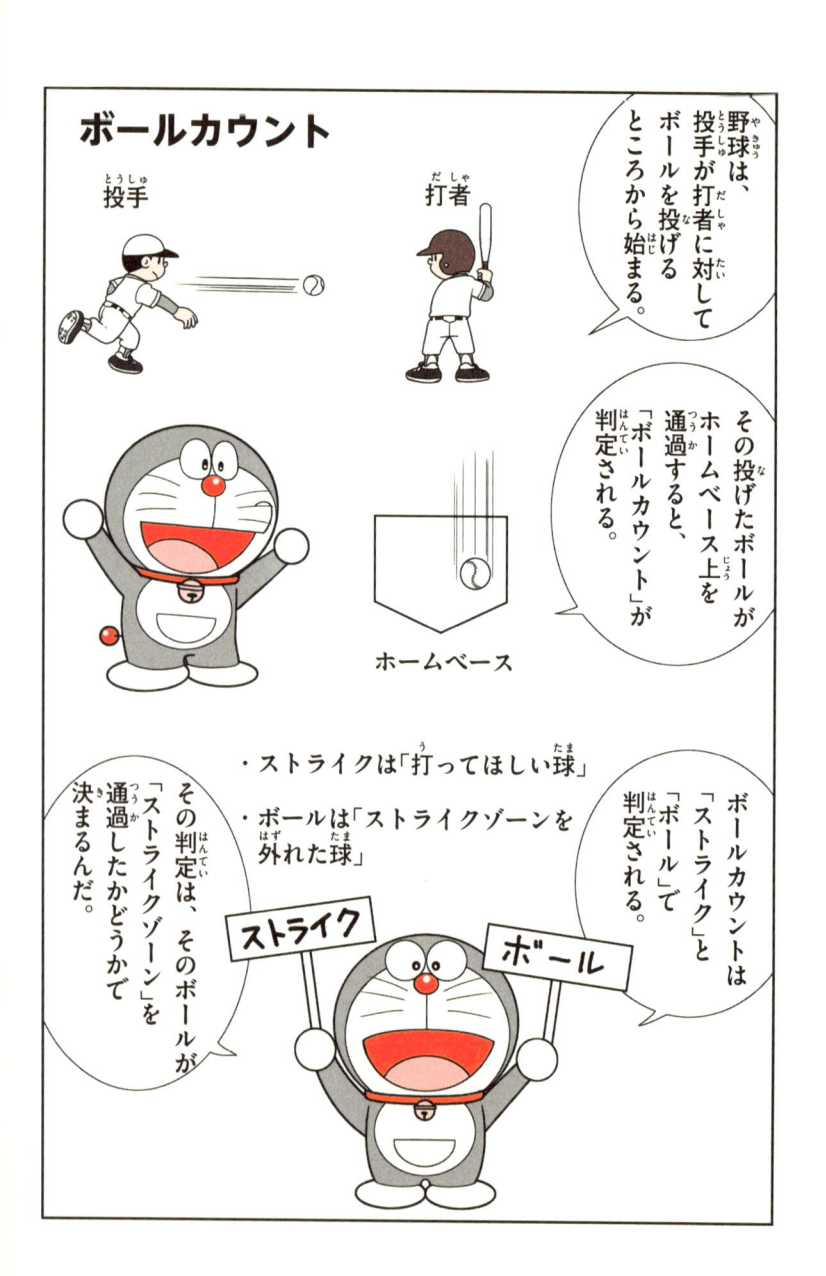

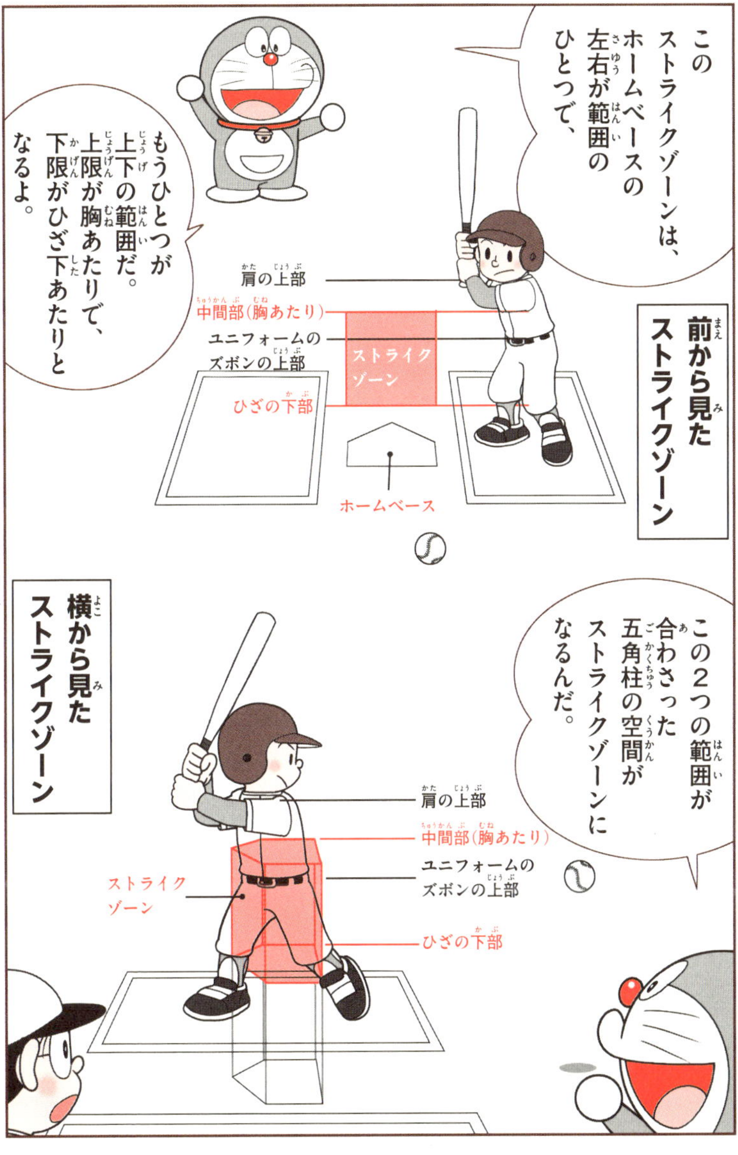
このストライクゾーンは、ホームベースの左右《さゆう》が範囲《はんい》のひとつで、
もうひとつが上下《じょうげ》の範囲《はんい》だ。上限《じょうげん》が胸《むね》あたりで、下限《かげん》がひざ下《した》あたりとなるよ。
前《まえ》から見《み》たストライクゾーン
肩《かた》の上部《じょうぶ》
中間部《ちゅうかんぶ》(胸《むね》あたり)
ユニフォームのズボンの上部《じょうぶ》
ストライクゾーン
ひざの下部《かぶ》
ホームベース
横《よこ》から見《み》たストライクゾーン
この2つの範囲《はんい》が合《あ》わさった五角柱《ごかくちゅう》の空間《くうかん》がストライクゾーンになるんだ。
肩《かた》の上部《じょうぶ》
中間部《ちゅうかんぶ》(胸《むね》あたり)
ユニフォームのズボンの上部《じょうぶ》
ストライクゾーン
ひざの下部《かぶ》

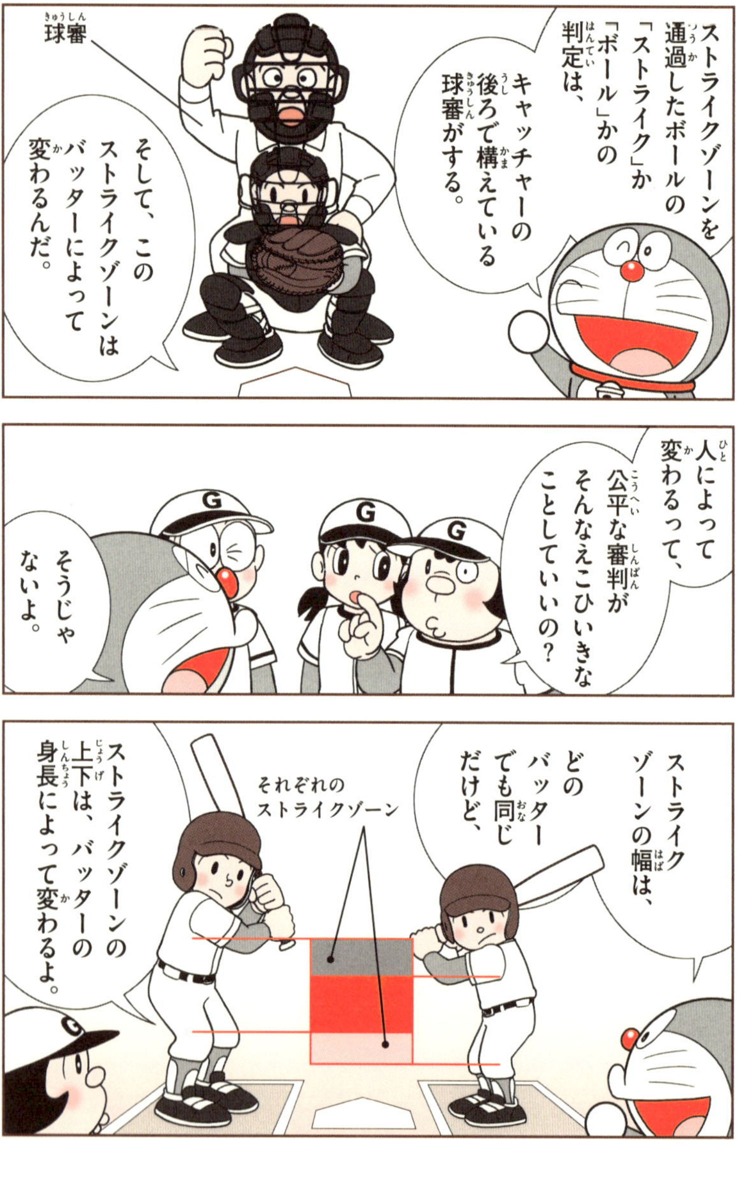
ストライクゾーンを通過《つうか》したボールの「ストライク」か「ボール」かの判定《はんてい》は、
キャッチャーの後《うし》ろで構《かま》えている球審《きゅうしん》がする。
球審《きゅうしん》
そして、このストライクゾーンはバッターによって変《か》わるんだ。
人《ひと》によって変《か》わるって、公平《こうへい》な審判《しんぱん》がそんなえこひいきなことしていいの？
そうじゃないよ。
ストライクゾーンの幅《はば》は、どのバッターでも同《おな》じだけど、
それぞれのストライクゾーン
ストライクゾーンの上下《じょうげ》は、バッターの身長《しんちょう》によって変《か》わるよ。

そのストライクゾーンに投《な》げるためにはコントロールをつけることが必要《ひつよう》なんだ。
コントロール？
2 3 4 7 8 9
ピッチャーが投《な》げたいところに正確《せいかく》に投球《とうきゅう》できる技術《ぎじゅつ》のことだよ。
それだったら自信《じしん》があるぜ！
出木杉《できすぎ》、好《す》きなところにミットを構《かま》えろ！
わかった！
じゃあまずはど真《ま》ん中《なか》に！
そりゃ！
ビシュ
おっと…！
ピュッ
この投《な》げ方《かた》なら真《ま》ん中《なか》に…！

バシッ
わっ
ピョン
変《へん》だな…。今日《きょう》は調子《ちょうし》がよくないのかな…。
そうじゃないと思《おも》うよ。
武《たけし》くんは、速《はや》い球《たま》を投《な》げるけど投球《とうきゅう》フォームが一定《いってい》していないよね。
投球《とうきゅう》フォーム？
投《な》げられればそんなの気《き》にしなくていいと思《おも》った。
それだとストライクゾーンをねらって投《な》げても、ボールのコントロールは難《むずか》しいよね。

マウンドを見《み》てもわかるわね。
投《な》げ終《お》わった後《あと》の左足《ひだりあし》の位置《いち》がばらばらだわ。
これは投球《とうきゅう》フォームが一定《いってい》していない証拠《しょうこ》だね。
そうなのか？
ぼくもセカもピッチャーをやるんだけど、
セカはずばぬけてコントロールがいいんだ。
セカ！
OK《オーケー》！
セカちゃんすごい！ピッチャーもできるのね。
どんな投球《とうきゅう》するんだろう？

◆オーバースロー

最《もっと》も一般的《いっぱんてき》な投《な》げ方《かた》。高《たか》い位置《いち》から腕《うで》を振《ふ》り下《お》ろすため、体《からだ》を前《まえ》にたおす勢《いきお》いを利用《りよう》しやすい。

◆スリークォータースロー

オーバースローに次《つ》いで一般的《いっぱんてき》な投《な》げ方《かた》。オーバースローとサイドスローの中間《ちゅうかん》あたりで腕《うで》を振《ふ》る。

◆サイドスロー

腕《うで》を地面《じめん》と水平《すいへい》に振《ふ》る投《な》げ方《かた》。体《からだ》の回転《かいてん》を利用《りよう》しやすい。

◆アンダースロー

体《からだ》を横《よこ》にたおして地面近《じめんちか》くから投《な》げる。球速《きゅうそく》は出《で》にくいが、ほかとはちがい浮《う》き上《あ》がるような軌道《きどう》になる。

オーバースローの投げ方

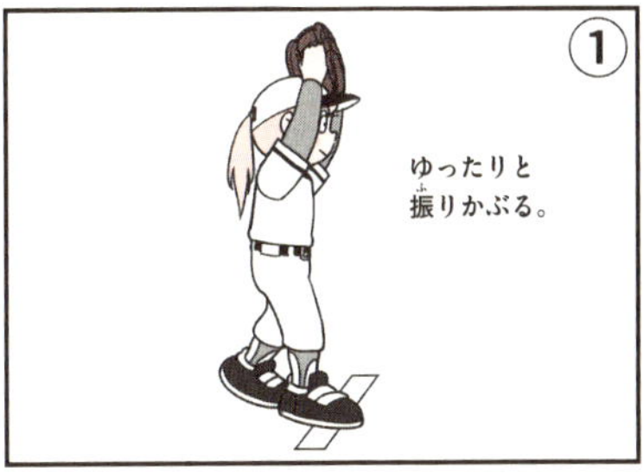
①
ゆったりと
振《ふ》りかぶる。

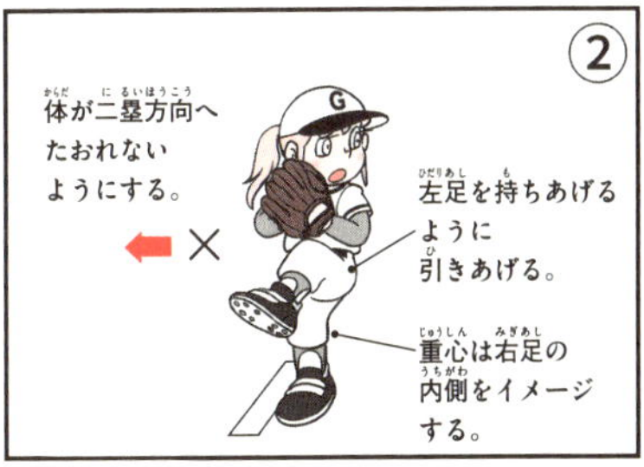
②
体《からだ》が二塁方向《にるいほうこう》へ
たおれない
ようにする。
×
左足《ひだりあし》を持《も》ちあげる
ように
引《ひ》きあげる。
重心《じゅうしん》は右足《みぎあし》の
内側《うちがわ》をイメージ
する。

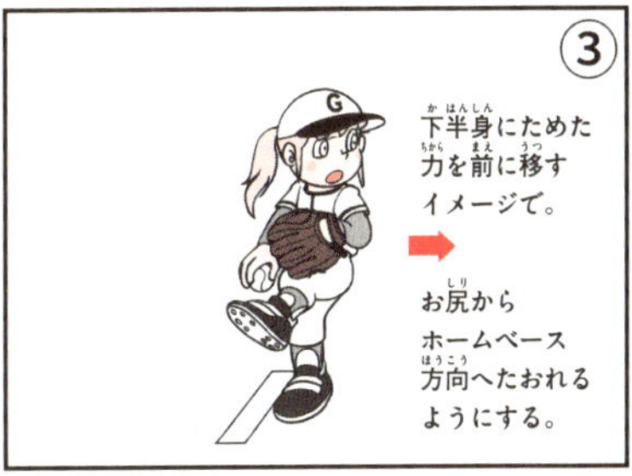
③
下半身《かはんしん》にためた
力《ちから》を前《まえ》に移《うつ》す
イメージで。
お尻《しり》から
ホームベース
方向《ほうこう》へたおれる
ようにする。

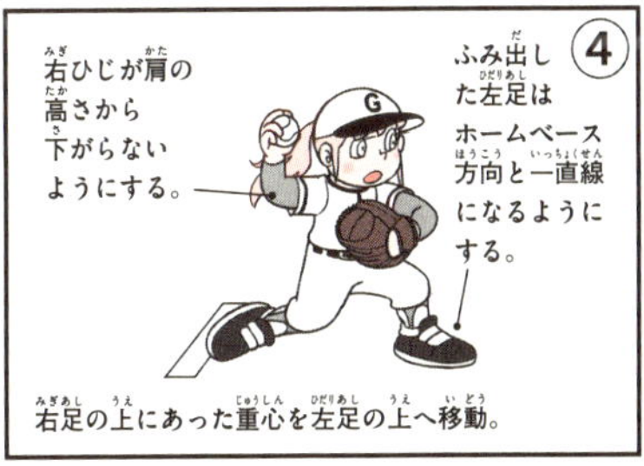
④
右《みぎ》ひじが肩《かた》の
高《たか》さから
下《さ》がらない
ようにする。
ふみ出《だ》し
た左足《ひだりあし》は
ホームベース
方向《ほうこう》と一直線《いっちょくせん》
になるように
する。
右足《みぎあし》の上《うえ》にあった重心《じゅうしん》を左足《ひだりあし》の上《うえ》へ移動《いどう》。

⑤
ひじや手《て》は肩《かた》の
ラインより前《まえ》に
出《で》ないように。
体《からだ》の回転《かいてん》が
伝《つた》わるように
腕《うで》を振《ふ》る。
右足《みぎあし》は
地面《じめん》から
はなれない
ように。

⑥
足《あし》はまだ
地面《じめん》から
はなれない。
リリース(ボール
をはなす)のとき
体《からだ》をひねりもどす
ことでリリース
ポイントも
前《まえ》になる。

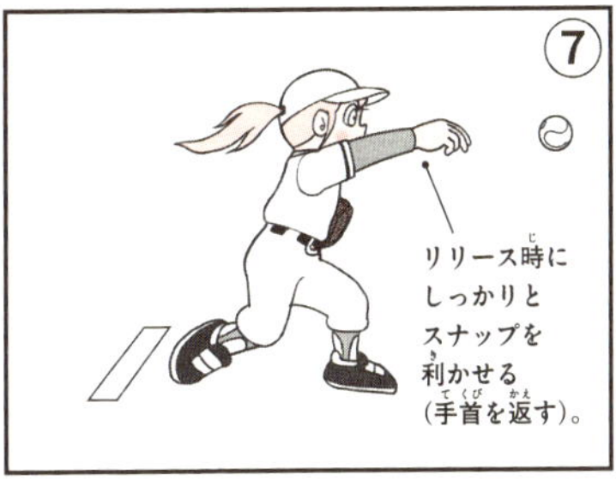
⑦
リリース時《じ》に
しっかりと
スナップを
利《き》かせる
(手首《てくび》を返《かえ》す)。

⑧
ボールをはなした後《あと》も
最後《さいご》までしっかりと
振《ふ》りぬく(フォロー
スルー)。

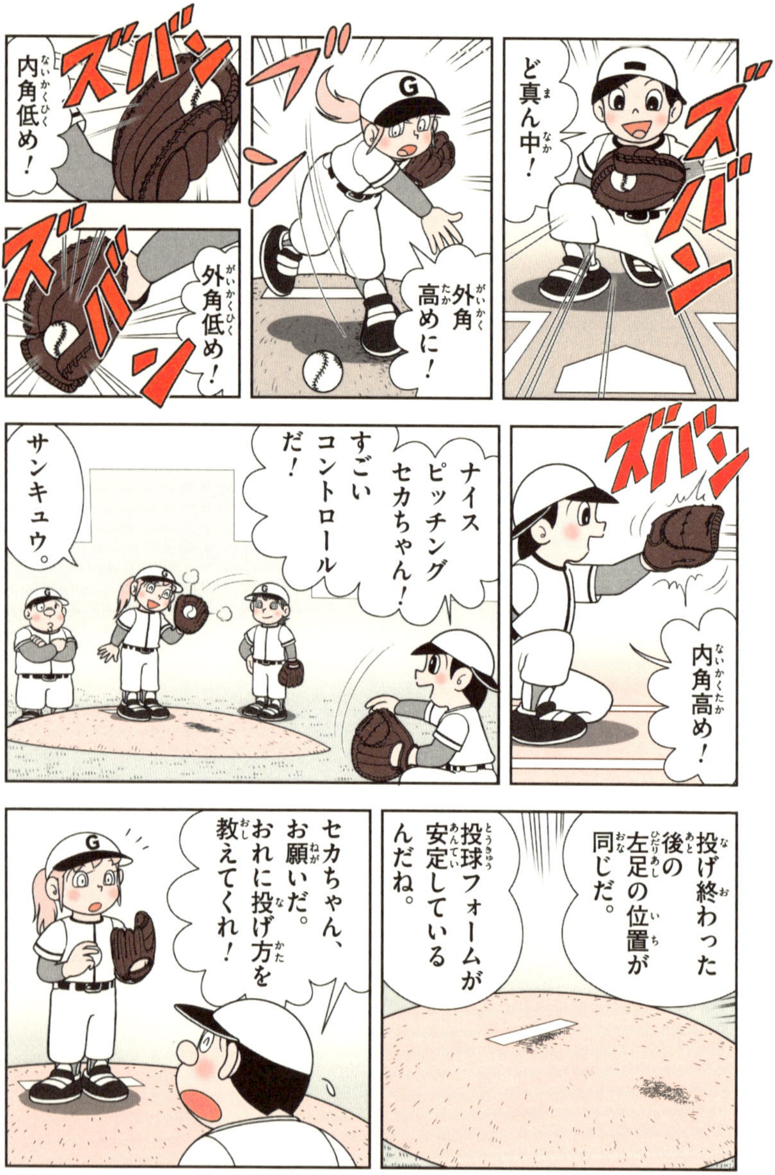
ズバン
ど真《ま》ん中《なか》！
ブン
外角《がいかく》高《たか》めに！
ズバン
内角《ないかく》低《ひく》め！
ズバン
外角《がいかく》低《ひく》め！
ズバン
内角《ないかく》高《たか》め！
ナイスピッチングセカちゃん！すごいコントロールだ！
サンキュウ。
投《な》げ終《お》わった後《あと》の左足《ひだりあし》の位置《いち》が同《おな》じだ。
投球《とうきゅう》フォームが安定《あんてい》しているんだね。
セカちゃん、お願《ねが》いだ。おれに投《な》げ方《かた》を教《おし》えてくれ！

私《わたし》はショーといっしょに考《かんが》えたの。
自分《じぶん》が投《な》げやすいフォームはどれか？
長《なが》く投《な》げても疲《つか》れないフォームはどれか？
いろいろ練習《れんしゅう》したなかで今《いま》の投球《とうきゅう》フォームを見《み》つけたの。
そして同《おな》じ投《な》げ方《かた》を意識《いしき》して、
ボールをコントロールするには、どこでリリースすればいいのかをたくさん練習《れんしゅう》したわ。
G
一度《いちど》にそんなにたくさんのことできないよ。
もちろん一度《いちど》には無理《むり》よ。
何度《なんど》も同《おな》じ動《うご》きをくり返《かえ》して自分《じぶん》のフォームを完成《かんせい》させたんだもの。

ピッチャーの武《たけし》さんやセカちゃんが投《な》げるボールが、「ストライク」とか「ボール」とか私《わたし》たちに見分《みわ》けられるかしら？
そうか。しずちゃんもジャイ子《こ》ちゃんもバッターボックスは初体験《はつたいけん》か…。
だったらバッターボックスに立《た》って、ピッチャーの投《な》げるボールを体験《たいけん》してみたらどう？
それ、いい！
わー！外《そと》から見《み》るのとバッターボックスに立《た》って見《み》るのとでは緊張感《きんちょうかん》が全然《ぜんぜん》ちがうわ！
まずは、ボールがどんなふうに向《む》かってくるのかを体験《たいけん》してみよう。

いくわよ、しずちゃん!
ビシュッ
キャッ!こわい!
ストラ〜イク
だよ、しずちゃん。
ズバン
けっこう速《はや》いのね。
今《いま》のスピードはふつうだよ。
シュッ
これもストライク。
シュッ
これはボール。
次《つぎ》は山《やま》なりのスローボールよ。
このスピードなら打《う》てそう。
ふわっ
このスローボールはストライクで正解《せいかい》?
正解《せいかい》。
ストライクゾーンを通過《つうか》してるよね。

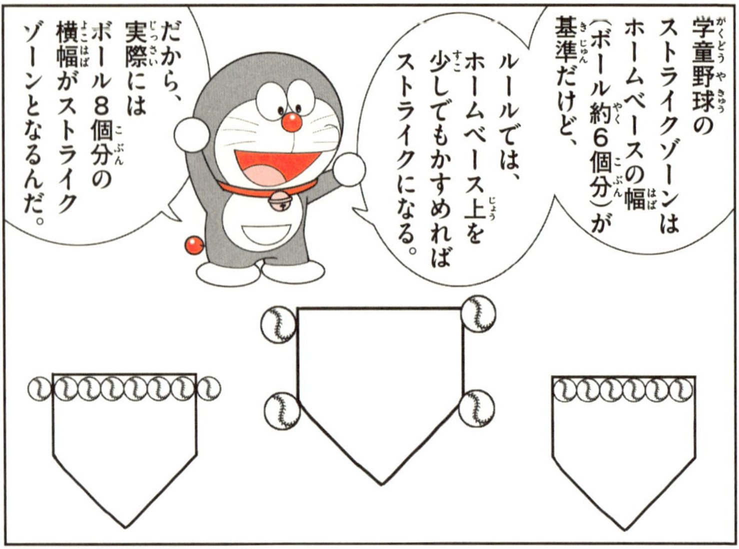
学童野球《がくどうやきゅう》のストライクゾーンはホームベースの幅《はば》（ボール約《やく》6個分《こぶん》）が基準《きじゅん》だけど、
ルールでは、ホームベース上《じょう》を少《すこ》しでもかすめればストライクになる。
だから、実際《じっさい》にはボール8個分《こぶん》の横幅《よこはば》がストライクゾーンとなるんだ。

奥行《おくゆ》きもふくめ、ボール1個分広《こぶんひろ》がったギリギリのストライクゾーンの「ストライク」と「ボール」の判断《はんだん》はぼくらには難《むずか》しいよね。
ストライク
ストライク
ストライク
ボール
ストライク
ストライク
でも、バッターボックスに立《た》ったら、ぎりぎりのストライクもあると覚《おぼ》えておこう。
ストライク
ストライク
ストライク
ストライク

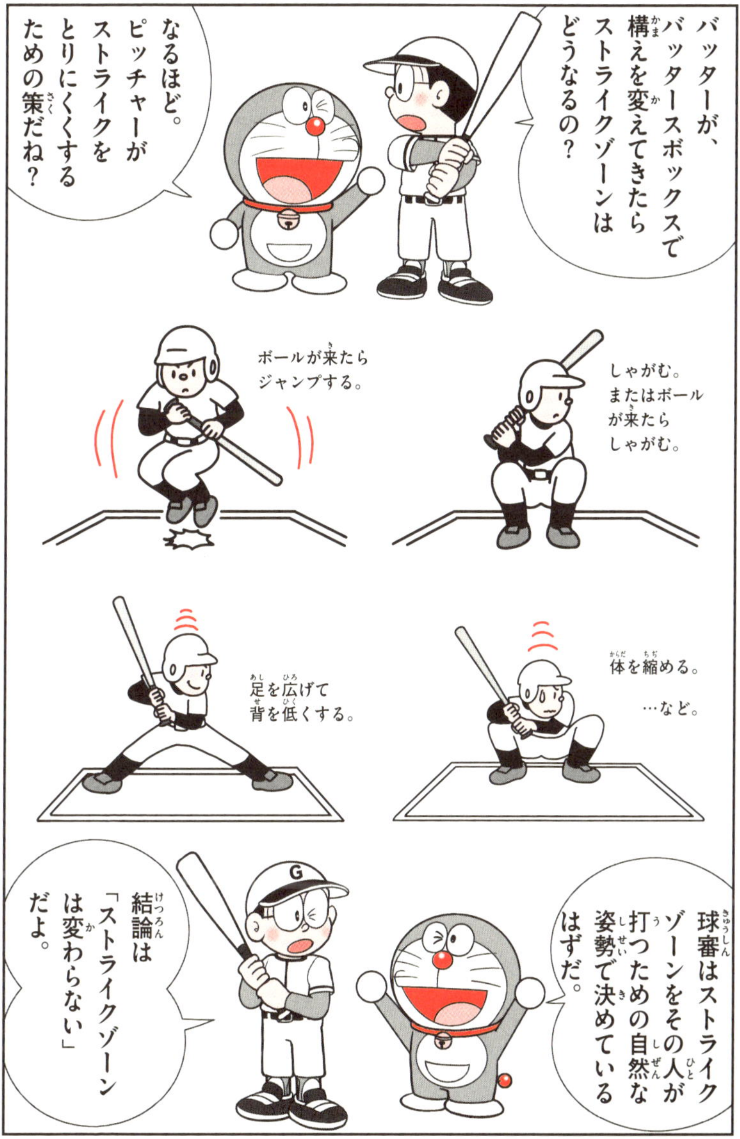
バッターが、バッターボックスで構《かま》えを変《か》えてきたらストライクゾーンはどうなるの？
なるほど。ピッチャーがストライクをとりにくくするための策《さく》だね？
しゃがむ。またはボールが来《き》たらしゃがむ。
ボールが来《き》たらジャンプする。
体《からだ》を縮《ちぢ》める。
…など。
足《あし》を広《ひろ》げて背《せ》を低《ひく》くする。
球審《きゅうしん》はストライクゾーンをその人《ひと》が打《う》つための自然《しぜん》な姿勢《しせい》で決《き》めているはずだ。
結論《けつろん》は「ストライクゾーンは変《か》わらない」だよ。

出木杉《できすぎ》さんはキャッチャーをしててこわくないの?
こわい?
だって武《たけし》さんのような速《はや》い球《たま》を捕《と》ったり、
目《め》の前《まえ》でバットを振《ふ》られたり、
ボールが体《からだ》に当《あ》たったりして危《あぶ》ないポジションでしょ?
確《たし》かにこわいけど防具《ぼうぐ》をつけてるからね。
そのこわさはだいじょうぶだよ。
こわいのは「パスボール」かな…。
パスボール?
ボールを後《うし》ろや横《よこ》に逃《のが》してしまうプレーのことだよ。
パ
ランナーがいる場合《ばあい》は進塁《しんるい》されるし、
最悪《さいあく》はサヨナラゲームになる場合《ばあい》だ。

でも出木杉《できすぎ》くんの構《かま》えやキャッチングはすごいよ。
ホント！安心《あんしん》できたし、気《き》持《も》ちよく投《な》げられたわ。
ズバン
うれしいな。ありがとう！
コントロールの悪《わる》いおれのボールをほとんどキャッチしてくれるし、
悪《わる》いところはすぐ指摘《してき》してくれるし…。
出木杉《できすぎ》がキャッチャーでよかったぜ。
キャッチャーは大変《たいへん》そうだね。
うん。キャッチャーは、ピッチャーの球《たま》を受《う》けるだけじゃなく、ほかにもたくさんすることがあるんだ。

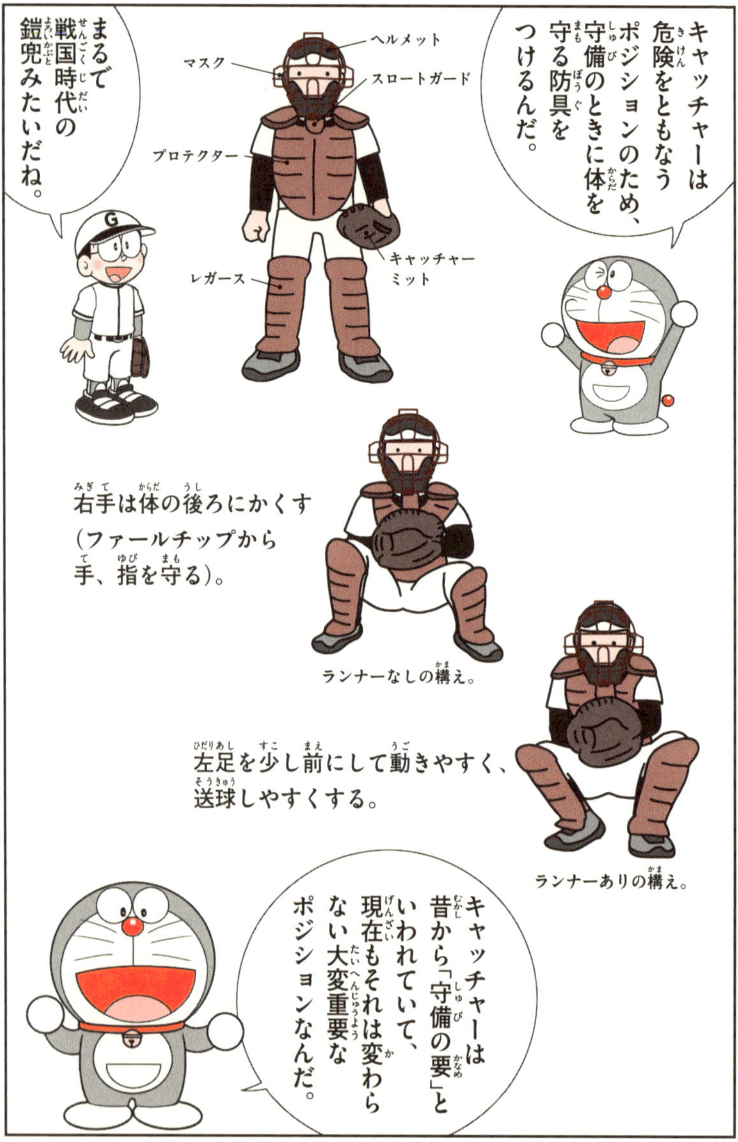
キャッチャーは危険《きけん》をともなうポジションのため、守備《しゅび》のときに体《からだ》を守《まも》る防具《ぼうぐ》をつけるんだ。
まるで戦国時代《せんごくじだい》の鎧兜《よろいかぶと》みたいだね。
ヘルメット
マスク
スロートガード
プロテクター
キャッチャーミット
レガース
右手《みぎて》は体《からだ》の後《うし》ろにかくす(ファールチップから手《て》、指《ゆび》を守《まも》る)。
ランナーなしの構《かま》え。
左足《ひだりあし》を少《すこ》し前《まえ》にして動《うご》きやすく、送球《そうきゅう》しやすくする。
ランナーありの構《かま》え。
キャッチャーは昔《むかし》から「守備《しゅび》の要《かなめ》」といわれていて、現在《げんざい》もそれは変《か》わらない大変重要《たいへんじゅうよう》なポジションなんだ。

キャッチャーは、ピッチャーの球《たま》を受《う》けるポジションだけど、
相手《あいて》チームの攻撃《こうげき》によって、守備隊形《しゅびたいけい》を指示《しじ》する「グラウンドの監督《かんとく》」と呼《よ》ばれるくらい大切《たいせつ》な役割《やくわり》を担《にな》っているんだ。

①ピッチャーのコンディションの確認《かくにん》

②バッターの打《う》ち方《かた》、天候《てんこう》、場面《ばめん》による外野《がいや》、内野《ないや》の守備位置《しゅびいち》の確認《かくにん》

③相手《あいて》チームの攻《せ》め方《かた》に対《たい》する守備《しゅび》サインの提示《ていじ》

④ランナーに対《たい》するけん制球《せいきゅう》のサインの提示《ていじ》

⑤ピッチャーの配球《はいきゅう》の指示《しじ》とリード

セットポジションで投《な》げる

構《かま》え方《かた》

後《うし》ろ（一塁《いちるい》）から見《み》たところ

肩《かた》
ホームベースに対《たい》し90度《ど》の向《む》きになるようにしよう。

右足《みぎあし》
ピッチャースプレートに対《たい》して平行《へいこう》に置《お》く。

左足《ひだりあし》
右足《みぎあし》に合《あ》わせて平行《へいこう》に置《お》く。両足《りょうあし》を肩幅《かたはば》くらいに開《ひら》こう。

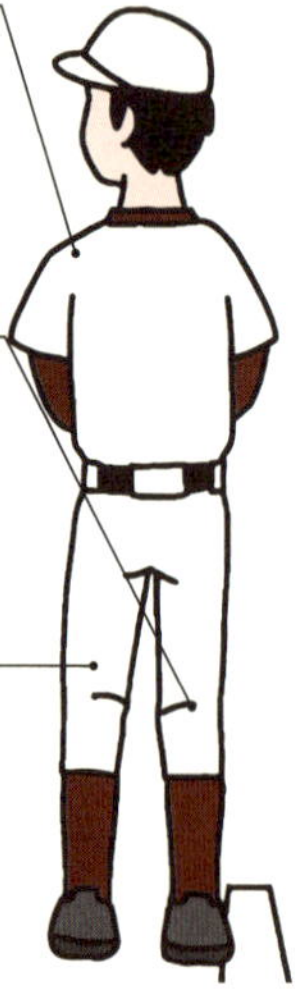

横《よこ》（ホームベース）から見《み》たところ

グローブ
胸《むね》かお腹《なか》の前《まえ》で構《かま》えて、止《と》める。

ひざ
まっすぐにはせず、少《すこ》しだけ曲《ま》げると、体重移動《たいじゅういどう》がうまくできるよ。

上《うえ》の構《かま》えで完全《かんぜん》に静止《せいし》してから投《な》げるように注意《ちゅうい》しよう。静止《せいし》しないと、反則《はんそく》（ボーク）になってしまうよ（→ 76 ページ）。足《あし》を高《たか》くあげて投《な》げる場合《ばあい》は、足《あし》をあげる動作《どうさ》からは 61 ページと同《おな》じだよ。

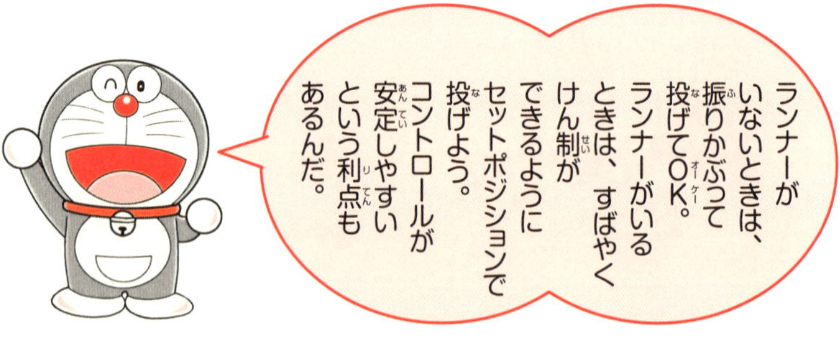
ランナーがいないときは、振《ふ》りかぶって投《な》げてOK《オーケー》。ランナーがいるときは、すばやくけん制《せい》ができるようにセットポジションで投《な》げよう。コントロールが安定《あんてい》しやすいという利点《りてん》もあるんだ。

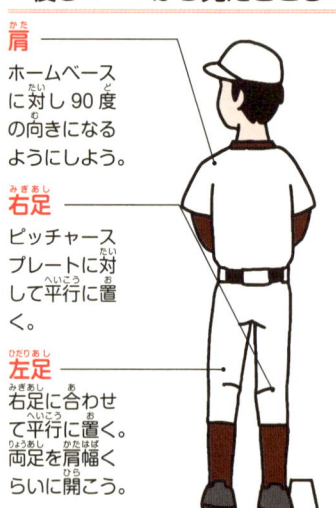

クイックモーションで投《な》げる

2 左足《ひだりあし》を前《まえ》に向《む》けてまっすぐふみ出《だ》す。ふみこみと同《おな》じタイミングで、腕《うで》をあげるよ。

1 すばやく左足《ひだりあし》をあげると同《どう》時《じ》に、右足《みぎあし》で地《じ》面《めん》をける。左足《ひだりあし》をほとんどあげない方法《ほうほう》もあるよ。

盗塁《とうるい》※をさせないために、よりコンパクトに投《な》げるのがクイックモーションだ。打者《だしゃ》のタイミングをずらすこともできるよ。
まずは通常《つうじょう》のセットポジションから練習《れんしゅう》ね！

※盗塁《とうるい》…ランナーが守備《しゅび》のすきをついて次《つぎ》の塁《るい》に進《すす》むこと。

配球《はいきゅう》のコツ（コースを投《な》げ分《わ》ける）

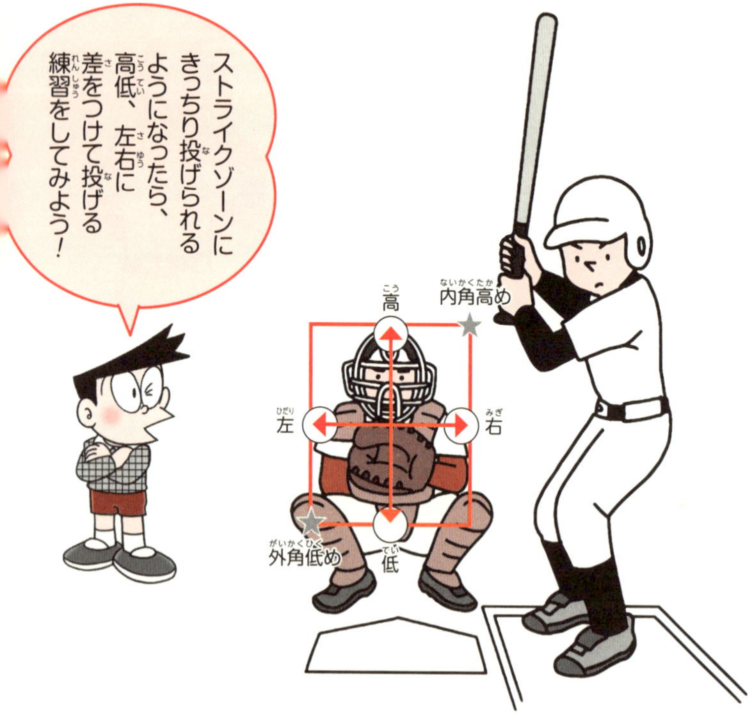
ストライクゾーンにきっちり投《な》げられるようになったら、高低《こうてい》、左右《さゆう》に差《さ》をつけて投《な》げる練習《れんしゅう》をしてみよう！
高《こう》
内角高《ないかくたか》め
左《ひだり》
右《みぎ》
外角低《がいかくひく》め
低《てい》

高低差《こうていさ》と左右差《さゆうさ》を組《く》み合《あ》わせよう

例《たと》えば、内角高《ないかくたか》めの後《あと》に外角《がいかく》低《ひく》めを投《な》げることができると、打者《だしゃ》の目《め》からの距離《きょり》や感《かん》じるスピードの差《さ》が大《おお》きいため、打《う》ちとりやすくなるよ。

速球《そっきゅう》とスローボール（遅《おそ》い球《たま》）の投《な》げ方《かた》のちがい

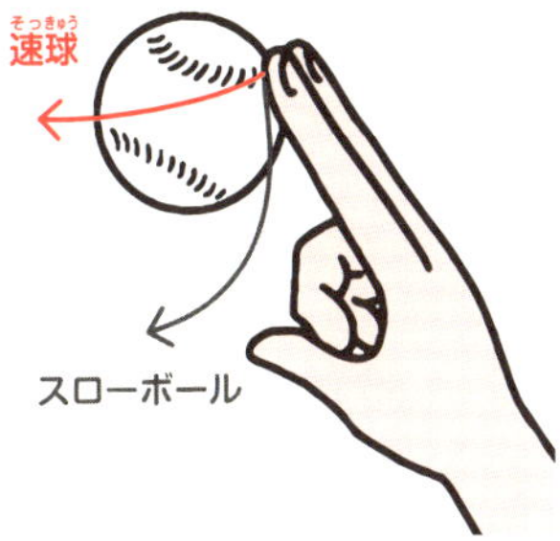
速球《そっきゅう》
スローボール

速球《そっきゅう》

ボールのぬい目《め》にしっかりと指《ゆび》をかけ、ホームに向《む》かってスナップを利《き》かせる。ボールに速《はや》い回転《かいてん》をかけるイメージで投《な》げよう。

スローボール

速球《そっきゅう》より指《ゆび》の力《ちから》を抜《ぬ》き、指《ゆび》の腹《はら》を使《つか》って、ボールの手前側《てまえがわ》をなでるようにして投《な》げるよ。

速球《そっきゅう》とスローボールで、腕《うで》を振《ふ》る速《はや》さを変《か》えないようにできると、打《う》ちとりやすくなるよ。

速球《そっきゅう》だけでなく
スローボールも
投《な》げて、打者《だしゃ》の
タイミングを
ずらすんだ。
高低《こうてい》・左右《さゆう》と同時《どうじ》に
使《つか》い分《わ》けると、
もっと有効《ゆうこう》だぜ！

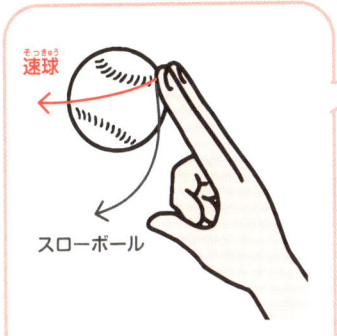

ピッチャーの反則《はんそく》（ボーク）

ボークの例《れい》

×投球動《とうきゅうどう》作《さ》を中断《ちゅうだん》する

×打者《だしゃ》が構《かま》えていないのに投《な》げる

その他《た》のボーク

軸足《じくあし》がプレートにふれていない、セットポジションで完全《かんぜん》に静止《せいし》しないまま投《な》げる（けん制《せい》のときを除《のぞ》く）、セットポジションで首《くび》から下《した》を動《うご》かす、など。

ボークが宣告《せんこく》された投球《とうきゅう》は無効《むこう》になって、バッターのカウントは増《ふ》えないんだ。しかも、塁上《るいじょう》にランナーがいれば、次《つぎ》の塁《るい》に進《すす》むことができる。
それはたいへんだ。
まずは、上《うえ》のよくあるボークを覚《おぼ》えておかないとね。

投《な》げ終《お》わったら、すばやく守備《しゅび》の体勢《たいせい》をとろう。ボールがピッチャーの近《ちか》くに転《ころ》がってきたときは、キャッチャーがどの塁《るい》に投《な》げるかを指示《しじ》するよ。

投《な》げすぎに注意《ちゅうい》しよう

一生《いっしょう》けん命《めい》投《な》げる練習《れんしゅう》をするのはとってもすばらしいこと。でも、力《ちから》いっぱいたくさん投《な》げすぎると、肩《かた》やひじをけがしてしまうおそれがあるんだ。これはプロの選手《せんしゅ》でも起《お》きることなんだよ。小学校高学年《しょうがっこうこうがくねん》だと、全力投球《ぜんりょくとうきゅう》は1日《にち》に多《おお》くても70球《きゅう》まで、週《しゅう》に300球《きゅう》までが限度《げんど》とされる。この球数《たまかず》に達《たっ》していなくても、体《からだ》の調《ちょう》子《し》が変《へん》だな、と思《おも》ったら練習《れんしゅう》を中断《ちゅうだん》しよう。

ゴロを捕《と》ってから投《な》げるまで

3 体《からだ》をグローブに寄《よ》せ、右手《みぎて》にボールを握《にぎ》り替《か》える。右《みぎ》足《あし》をふみ出《だ》し、軸足《じくあし》にするよ。

4 投《な》げる方向《ほうこう》に左足《ひだりあし》をふみ出《だ》し、目《め》でも確認《かくにん》。腕《うで》をしっかり振《ふ》って投《な》げよう。

グローブにボールが入《はい》ったことを確認《かくにん》してから、投《な》げるのが大切《たいせつ》だね。
友達《ともだち》にボールをゆっくり転《ころ》がしてもらって、動作《どうさ》を確《たし》かめながら練習《れんしゅう》してみよう！

1 打球《だきゅう》の少《すこ》し右側《みぎがわ》から回《まわ》りこむと捕《と》りやすいよ。

2 足《あし》をしっかり開《ひら》いてグローブを下《さ》げ、ボールを捕《と》ろう。このとき、顔《かお》を下《した》に向《む》けすぎないように注意《ちゅうい》。

グローブだけを前《まえ》に出《だ》してボールをむかえにいくと、捕《と》りそこなってしまうことがあるわ。
体《からだ》全体《ぜんたい》で捕《と》る地点《ちてん》まで動《うご》いて、ボールがグローブに入《はい》るのを待《ま》つイメージだな。

フライ（バッターが高《たか》く打《う》ちあげたボール）を捕《と》る構《かま》え

グローブ

フライが落《お》ちてくるところ（落下点《らっかてん》）を見極《みきわ》めたら、顔《かお》のななめ前《まえ》でボールを捕《と》ろう。顔《かお》の正面《しょうめん》で構《かま》えるよりもボールが見《み》やすく、こわい気持《きも》ちもうすれる。

目線《めせん》

ボールをななめ上《うえ》に見《み》るようにしよう。真上《まうえ》に見《み》あげると、打球《だきゅう》の変化《へんか》に対応《たいおう》しづらいんだ。

フライの距離《きょり》をつかむには？

落下点《らっかてん》を見極《みきわ》めるのは難《むずか》しい。やわらかいゴムボールをいろんな高《たか》さで投《な》げてもらって落下点《らっかてん》に入《はい》り、ヘディングする練習《れんしゅう》をしよう。

フライは捕《と》ることができれば、1アウトになるんだ！

外野《がいや》フライの捕《と》り方《かた》

間《ま》に合《あ》ったら、正面《しょうめん》で捕《と》ろう。

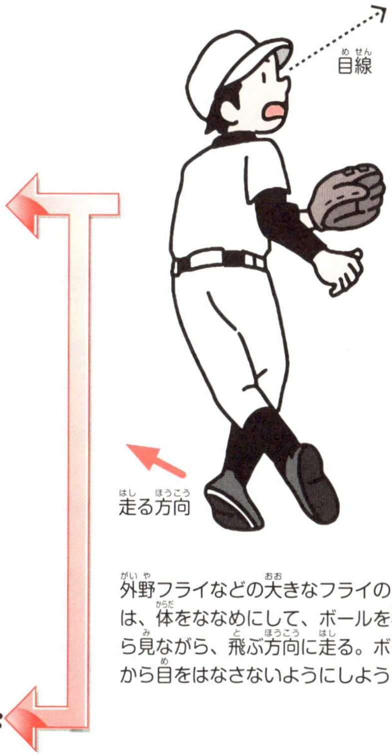
目線《めせん》
走《はし》る方向《ほうこう》

外野《がいや》フライなどの大《おお》きなフライのときは、体《からだ》をななめにして、ボールを横《よこ》から見《み》ながら、飛《と》ぶ方向《ほうこう》に走《はし》る。ボールから目《め》をはなさないようにしよう。

間《ま》に合《あ》わなければ、腕《うで》をのばして捕《と》ることにチャレンジ。

飛《と》びこんで捕《と》るのは危険《きけん》だからやめようね。

ベースをふんでアウトにする（フォースアウト）

ゴロは捕《と》っただけでは、アウトにならないよね？
基本《きほん》は、ゴロを捕《と》ったら、一塁《いちるい》に投《な》げる、だよ。ランナーをアウトにするには、フォースアウトとタッチアウトの2種類《しゅるい》があるんだ。

フォースアウトでいいのは…

ランナーが次《つぎ》の塁《るい》に進《すす》まなければならない（進塁義務《しんるいぎむ》がある）とき。
ボールを受《う》ける側《がわ》は、ベースをふむのを忘《わす》れないようにね。

例《れい》①

ランナーなしで、バッターが内野《ないや》ゴロを打《う》ったとき

一塁《いちるい》に投《な》げて、ランナーより先《さき》にボールがわたればアウトになるよ。

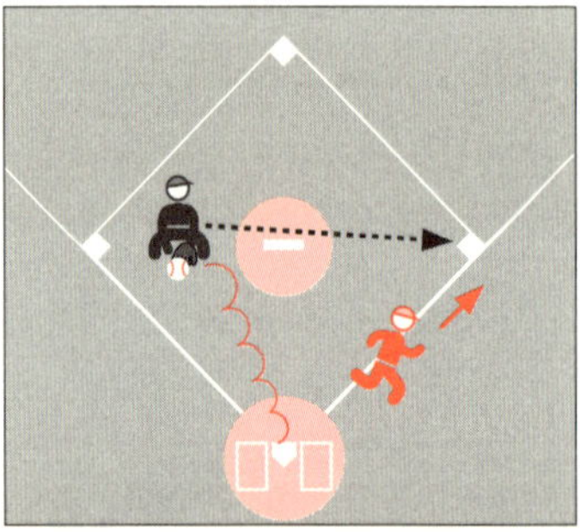

例《れい》②

ランナー一塁《いちるい》で、次《つぎ》のバッターが内野《ないや》ゴロを打《う》ったとき

状況《じょうきょう》に応《おう》じて二塁《にるい》、または一塁《いちるい》に投《な》げてアウトにするよ。

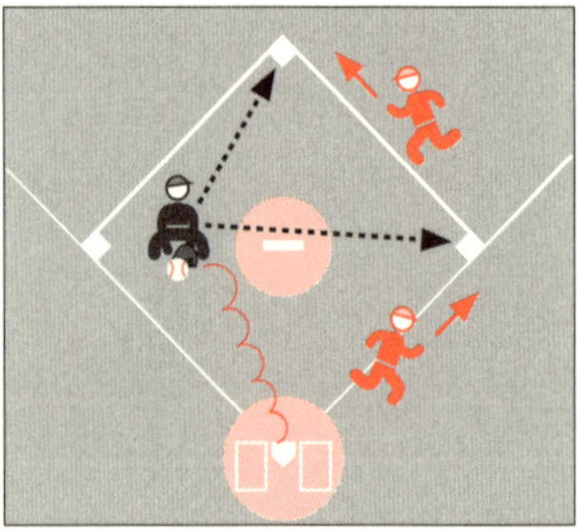

ランナーにタッチしてアウトにする（タッチアウト）

タッチでしかアウトにできないのは…

ランナーに進塁義務《しんるいぎむ》がないとき。ランナーが先《さき》の塁《るい》にも行《い》けて、今《いま》の塁《るい》でとどまることもできる状態《じょうたい》だよ。グローブの中《なか》のボールを落《お》とさないように、できれば中《なか》のボールを手《て》でおさえてタッチしよう。

例《れい》①

**ランナー三塁《さんるい》で、
次《つぎ》のバッターが内野《ないや》ゴロを打《う》ち、
ランナーがホームに帰《かえ》ってくるとき**

キャッチャーが、野手《やしゅ》からの返球《へんきゅう》をキャッチして、ランナーにタッチしてアウトにする。

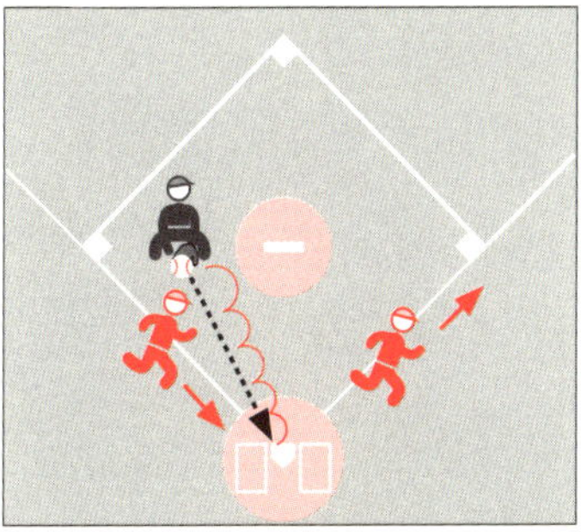

例《れい》②

**ランナー一塁《いちるい》でけん制《せい》して、
ランナーが飛《と》び出《だ》したとき**

ファーストとセカンドではさみこみ、タッチアウトにするよ。

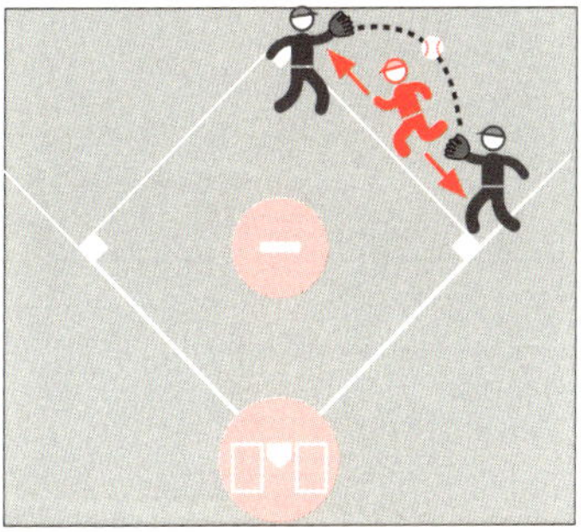

外野《がいや》フライのタッチアップ※で、ランナーがホームに走《はし》ってくることもあるぞ！
そんなときは、フライを捕《と》ったあとにホームに向《む》かって投《な》げるのさ。

※タッチアップ…バッターのフライが捕球されたあと、ランナーが離塁《りるい》して進塁《しんるい》すること。

第《だい》3章《しょう》　ホームランを打《う》ちたい！

ワーッ
出《で》たーーっ！小谷《しょうたに》、今季《こんき》63号《ごう》のサヨナラホームラン！
すごい！すごーい！
あんなすごいホームランをぼくも打《う》ってみたいな～。
ホームランもいいけどまずはのび太《た》くんはバットにボールを当《あ》てることだよ。
小谷選手《しょうたにせんしゅ》のホームラン見《み》た？
見《み》た見《み》た！

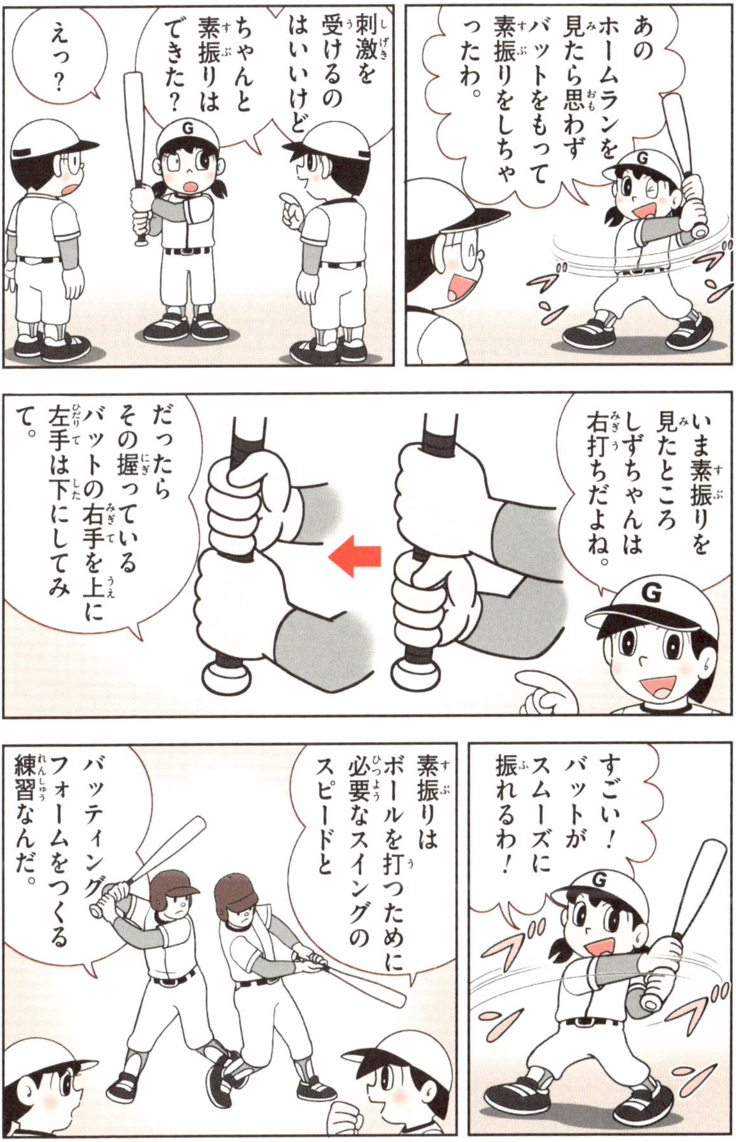
あのホームランを見《み》たら思《おも》わずバットをもって素振《すぶ》りをしちゃったわ。
刺激《しげき》を受《う》けるのはいいけどちゃんと素振《すぶ》りはできた？
えっ？
いま素振《す》《ぶ》りを見《み》たところしずちゃんは右打《みぎう》ちだよね。
だったらその握《にぎ》っているバットの右手《みぎて》を上《うえ》に左手《ひだりて》は下《した》にしてみて。
すごい！バットがスムーズに振《ふ》れるわ！
素振《すぶ》りはボールを打《う》つために必要《ひつよう》なスイングのスピードと
バッティングフォームをつくる練習《れんしゅう》なんだ。

バットの持《も》ち方《かた》

左《ひだり》打《う》ちの持《も》ち方《かた》
右《みぎ》打《う》ちの持《も》ち方《かた》

バットの構《かま》え方《かた》

これが基本《きほん》的《てき》な構《かま》え方《かた》だよ。
持《も》ち手《て》の位置《いち》は顔《かお》の耳《みみ》からあごあたり。
脇《わき》をしめる。
ひざは少《すこ》し曲《ま》げて内側《うちがわ》へしめる。
足《あし》は肩幅《かたはば》と同《おな》じくらい広《ひろ》げる。
ピッチャーが投《な》げたボールを打《う》てるかどうかは、この構《かま》え方《かた》ができてるかどうかで決《き》まるといっていいね。
構《かま》え方《かた》ができたら、素振《すぶ》りの練習《れんしゅう》に入《はい》ろう！

素振《すぶ》り

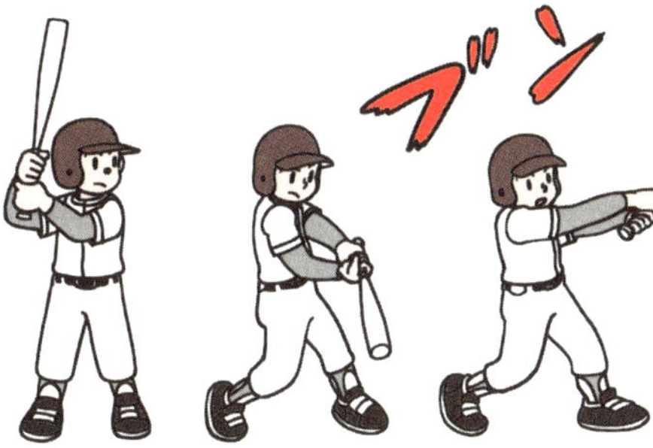
ブン

素振《すぶ》りは、バッティングフォームとバットを振《ふ》るスピードをつけるための練習《れんしゅう》だ。

基本《きほん》の構《かま》えから全力《ぜんりょく》でバットが振《ふ》れる練習《れんしゅう》をする。

メンバーに素振《すぶ》りを見《み》せて、悪《わる》い箇所《かしょ》を指摘《してき》してもらい修正課題《しゅうせいかだい》として練習《れんしゅう》にとり入《い》れる。

くっ

スイングを速《はや》くしたいがために重《おも》すぎるバットで鍛《きた》えたりするとフォームを崩《くず》したりけがの原因《げんいん》になったりするので無理《むり》はしない。

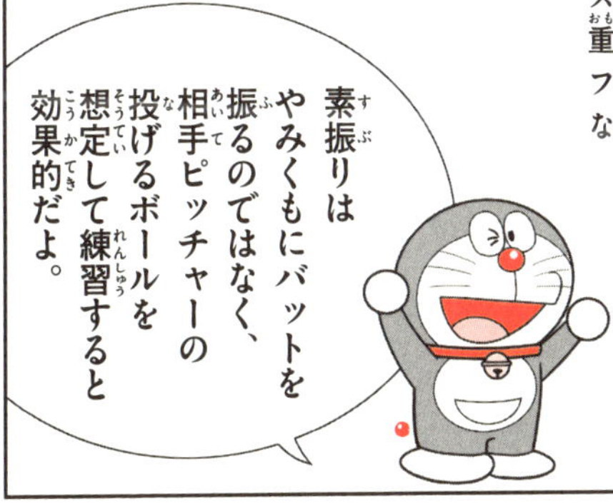
素振《すぶ》りはやみくもにバットを振《ふ》るのではなく、相手《あいて》ピッチャーの投《な》げるボールを想定《そうてい》して練習《れんしゅう》すると効果的《こうかてき》だよ。

外角低《がいかくひく》めだ！

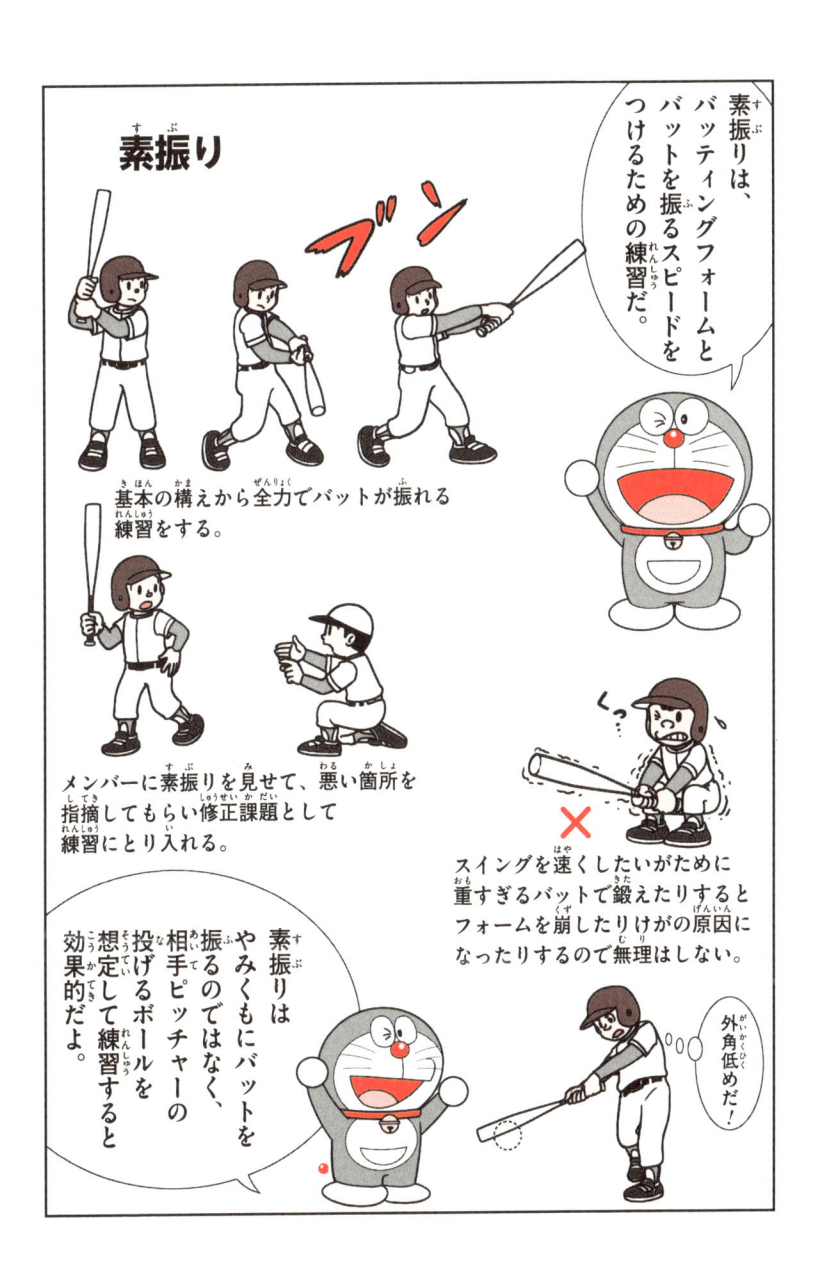

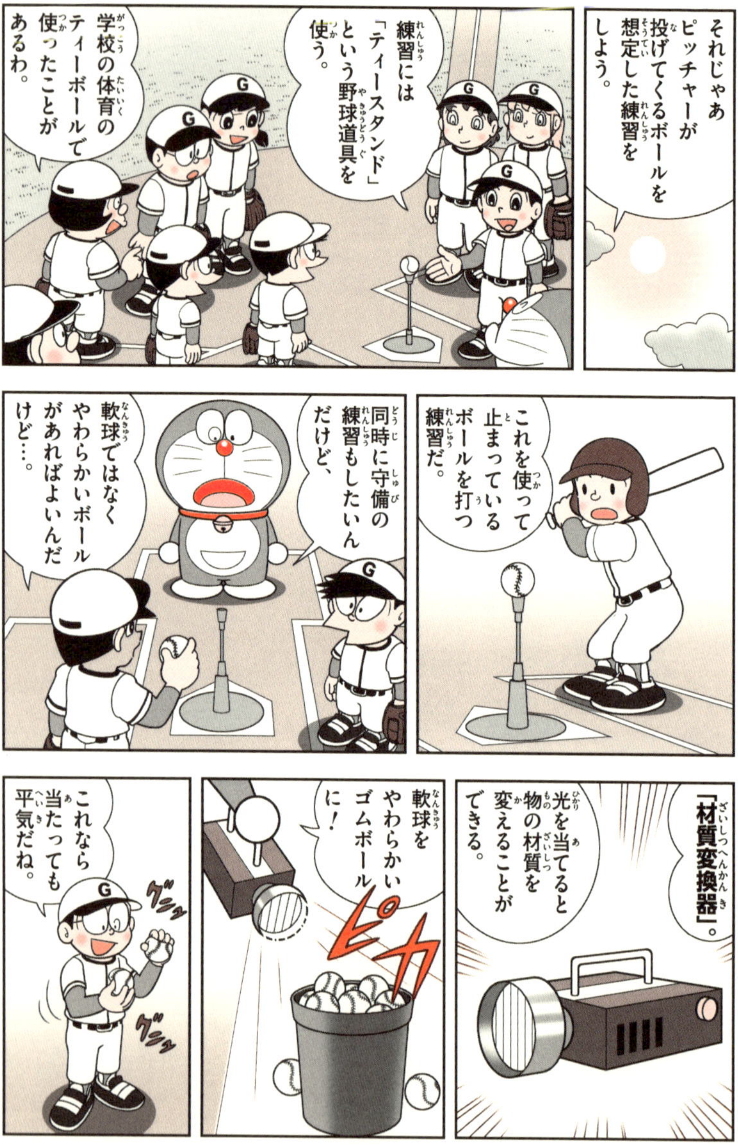

それじゃあ ピッチャーが 投《な》げてくるボールを 想定《そうてい》した練習《れんしゅう》を しよう。
練習《れんしゅう》には 「ティースタンド」 という野球道具《やきゅうどうぐ》を 使《つか》う。
学校《がっこう》の体育《たいいく》の ティーボールで 使《つか》ったことが あるわ。
これを使《つか》って 止《と》まっている ボールを打《う》つ 練習《れんしゅう》だ。
同時《どうじ》に守備《しゅび》の 練習《れんしゅう》もしたいん だけど、
軟球《なんきゅう》ではなく やわらかいボール があればよいんだ けど…。
「材質変換器《ざいしつへんかんき》」。
光《ひかり》を当《あ》てると 物《もの》の材質《ざいしつ》を 変《か》えることが できる。
軟球《なんきゅう》を やわらかい ゴムボール に!
ピカ
これなら 当《あ》たっても 平気《へいき》だね。
グニュ
グニュ

それじゃあ順番《じゅんばん》に打《う》とう！
ポジションは決《き》まってないから適当《てきとう》に守備《しゅび》について。
打《う》ったボールを捕《と》ったら内野《ないや》は一塁《いちるい》に、
外野《がいや》は内野《ないや》に返球《へんきゅう》しよう！
グローブははめないでいいからね。

ティースタンドはいろんなバッティング練習《れんしゅう》に使《つか》えるけど、
まずは、のび太《た》くんたちは真《ま》ん中《なか》を想定《そうてい》したボールで練習《れんしゅう》してみよう。

真ん中《まなか》のボールなんて目《め》をつぶっても打《う》てるよ！
どうかな？
ブン
ホームランいただき！
コン
あれ？
けっこう難《むずか》しいでしょ。
ジャイ子《こ》ちゃんもそうなるか…。
コン
しずちゃんはどうかな？
まかせて！
えい！
ボカ
ボールの上《うえ》をたたいちゃったね。

みんな、バットとボールが当《あ》たるときにどこだと一番《いちばん》バットが速《はや》くなるかわかる？
バットスイングの軌道上《きどうじょう》で自分《じぶん》の「ミートポイント」を知《し》ってると
ヒットやホームランを打《う》てる確率《かくりつ》があがるんだ。
ミートポイント？
ミートポイント
ボール
ボールの芯《しん》
バットの芯《しん》
バット
バットの芯《しん》とボールの芯《しん》が当《あ》たるポイントのことだよ。
バッターはヒットを打《う》つためにこのミートポイントでボールをとらえようとするわけだし、
反対《はんたい》にピッチャーはこのミートポイントで打《う》たれないように
ボールの変化《へんか》や緩急《かんきゅう》を使《つか》ってバッターを仕留《しと》めるんだ。
ストライクゾーン

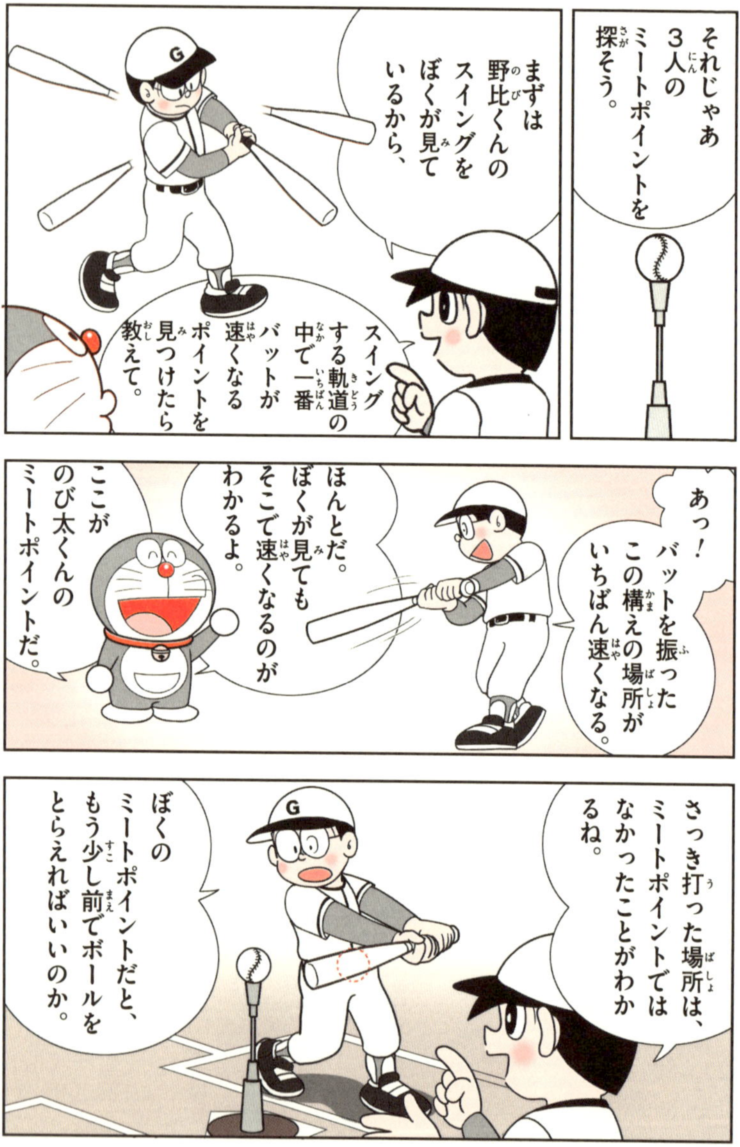
それじゃあ3人《にん》のミートポイントを探《さが》そう。
まずは野比《のび》くんのスイングをぼくが見《み》ているから、
スイングする軌道《きどう》の中《なか》で一番《いちばん》バットが速《はや》くなるポイントを見《み》つけたら教《おし》えて。
あっ！バットを振《ふ》ったこの構《かま》えの場所《ばしょ》がいちばん速《はや》くなる。
ほんとだ。ぼくが見《み》てもそこで速《はや》くなるのがわかるよ。
ここがのび太くんのミートポイントだ。
さっき打《う》った場所《ばしょ》は、ミートポイントではなかったことがわかるね。
ぼくのミートポイントだと、もう少《すこ》し前《まえ》でボールをとらえればいいのか。

ブン
よーし！自信《じしん》がついたぞ！
ブン
ボカッ
どうだ！
いい当《あ》たりだ！
ナイスバッティングだのび太《た》！
芯《しん》でボールをとらえているぞ！
パシッ
ボカ
止《と》まっているボールとはいえのび太《た》くんが打《う》ってるなんて信《しん》じられない！
ボカ
ボカ
よーし！野比《のび》くんが打《う》てるなら２人《ふたり》もできるはずだよ！

ティースタンドで、真《ま》ん中《なか》のボールを芯《しん》でとらえることができたら、
次《つぎ》はコースの打《う》ち分《わ》けの練習《れんしゅう》をしてみよう！
打《う》ち分《わ》けは、コースを9分割《ぶんかつ》して1コースごとに練習《れんしゅう》していこう！
①外角高《がいかくたか》め
②真《ま》ん中高《なかたか》め
③内角高《ないかくたか》め
④外角真《がいかくま》ん中《なか》
⑤真《ま》ん中《なか》
⑥内角真《ないかくま》ん中《なか》
⑦外角低《がいかくひく》め
⑧真《ま》ん中低《なかひく》め
⑨内角低《ないかくひく》め
①②③
④⑤⑥
⑦⑧⑨

ピッチャーに近《ちか》い立《た》ち位置《いち》

ピッチャーに近《ちか》い位置《いち》に立《た》つと、遅《おそ》いボールに対応《たいおう》しやすくなるよ。タイミングが合《あ》わずファールになりやすいピッチャーと対戦《たいせん》したら、前《まえ》に立《た》ってタイミングを合《あ》わせてみよう。

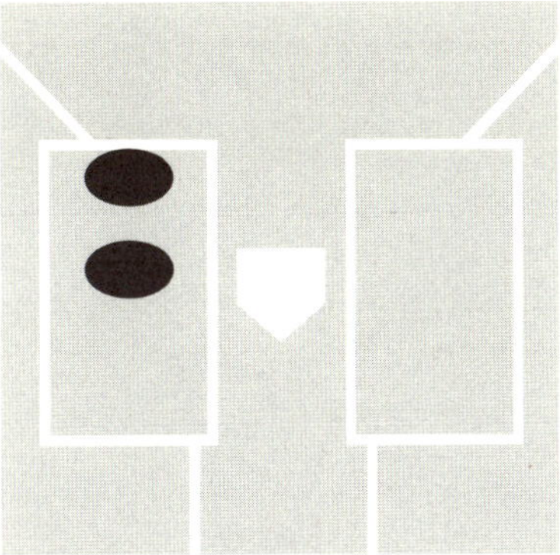

ピッチャーから遠《とお》い立《た》ち位置《いち》

ピッチャーから遠《とお》い位置《いち》に立《た》つと、速《はや》いボールに対応《たいおう》しやすくなるよ。ピッチャーから遠《とお》くに立《た》っている分《ぶん》、ボールを長《なが》く見《み》ることができて、ボールを見極《みきわ》めやすいんだ。

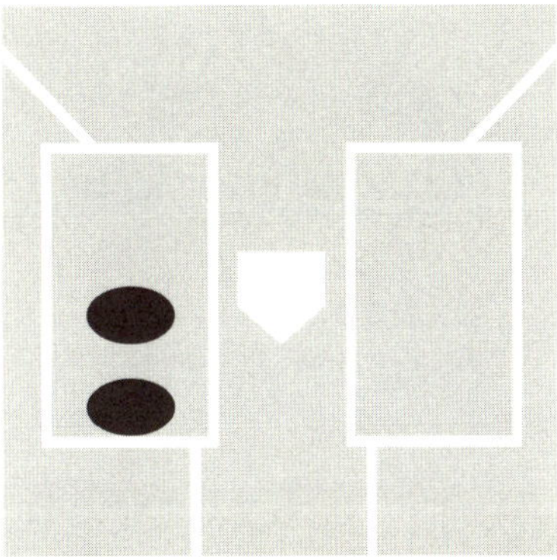

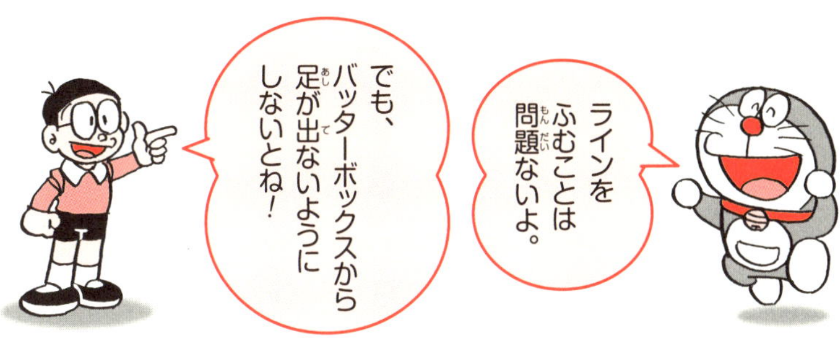
ラインをふむことは問題《もんだい》ないよ。
でも、バッターボックスから足《あし》が出《で》ないようにしないとね！

バッティングの基本《きほん》

スイング

3 下半身《かはんしん》の体重《たいじゅう》移動《いどう》の力《ちから》を使《つか》って思《おも》い切《き》り振《ふ》ろう。バットのグリップは体《からだ》の近《ちか》くを通《とお》るようにバットを出《だ》そう。

フォロースルー

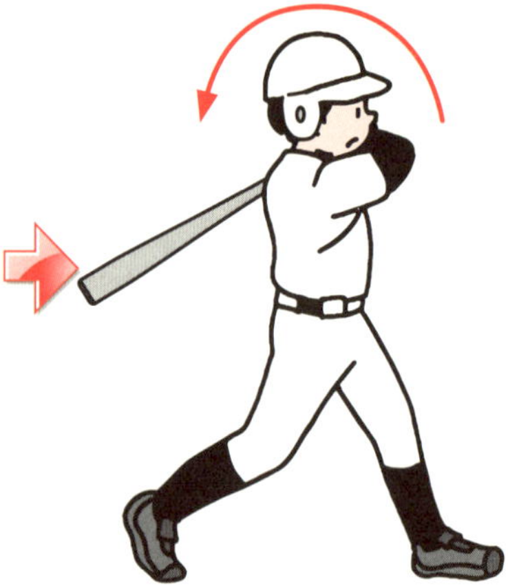

4 最後《さいご》は大《おお》きく振《ふ》りぬこう。振《ふ》ったバットは自然《しぜん》に左《ひだり》肩《かた》におさまるよ。

テイクバック

1 ピッチャーの動《うご》きに合《あ》わせて、左足《ひだりあし》をあげて右《みぎ》の軸足《じくあし》に体重《たいじゅう》を乗《の》せる。

ステップ

2 右足《みぎあし》に体重《たいじゅう》を乗《の》せたまま、左足《ひだりあし》をふみ出《だ》す。グリップ（バットの握《にぎ》る部分《ぶぶん》）の位《い》置《ち》はまだ動《うご》かさないよ。

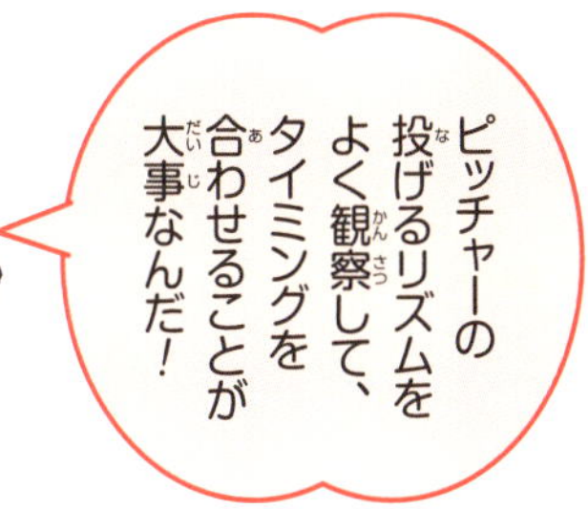
ピッチャーの投《な》げるリズムをよく観察《かんさつ》して、タイミングを合《あ》わせることが大事《だいじ》なんだ！

スイングの軌道《きどう》

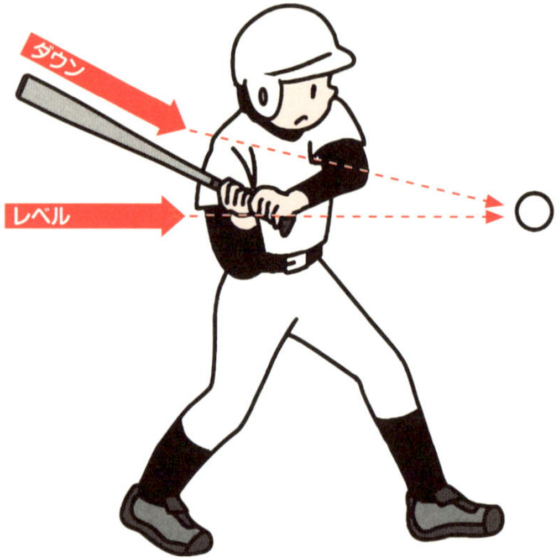
ダウン
レベル

ダウンスイング
レベルスイング

上《うえ》から下《した》にバットを振《ふ》るとダウンスイングになり、芯《しん》に当《あ》たれば強《つよ》いゴロや低《ひく》いライナーの打球《だきゅう》が飛《と》びやすい。水平《すいへい》に振《ふ》るレベルスイングだと、ボールとバットの軌道《きどう》が合《あ》ってヒットの確率《かくりつ》が高《たか》くなるんだ。

レベルスイングも、少《すこ》し上《うえ》からボールをたたくイメージでやってみて。

アッパースイング

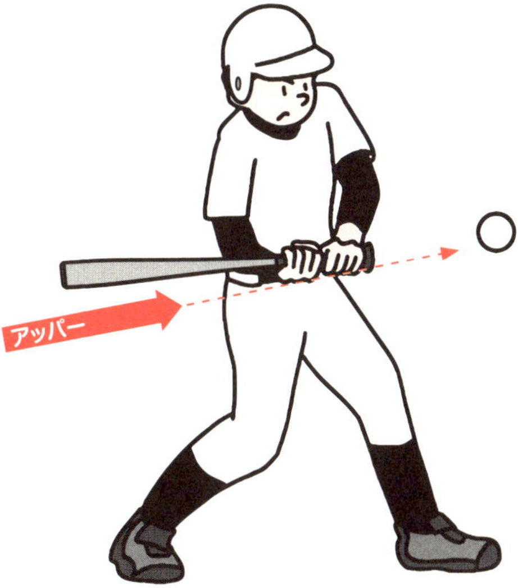

下《した》から上《うえ》にすくいあげるように振《ふ》ると、アッパースイングになり、高《たか》い軌道《きどう》の打球《だきゅう》になりやすい。ただし、極端《きょくたん》にやりすぎるとフライや空振《からぶ》りも多《おお》くなってしまうよ。

バッティングの体《からだ》の使《つか》い方《かた》

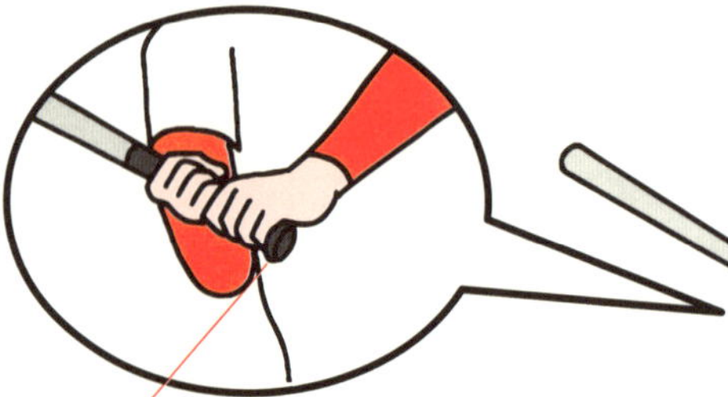

グリップエンドは体《からだ》の近《ちか》くを通《とお》るようにスイングを始《はじ》めよう。

1

左手《ひだりて》でバットを引《ひ》っぱるように、ボールが当《あ》たるインパクトの瞬間《しゅんかん》に向《む》けてバットを走《はし》らせる。

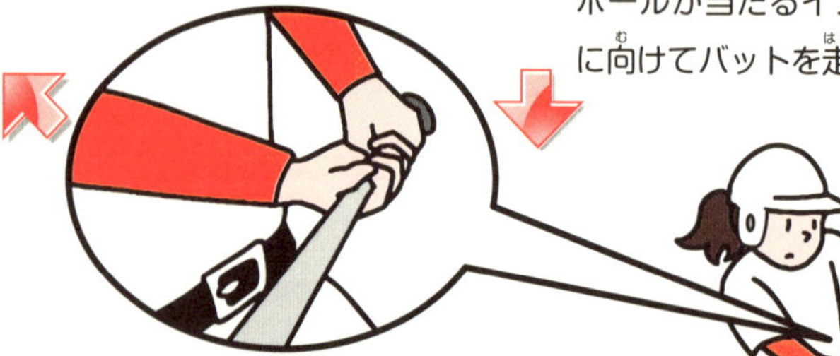

ボールが当《あ》たる瞬間《しゅんかん》は、右手《みぎて》の甲《こう》が下《した》、左手《ひだりて》の甲《こう》が上《うえ》を向《む》く。

2

ボールに近《ちか》づいたら、右手《みぎて》を前《まえ》に押《お》しこむ。

3

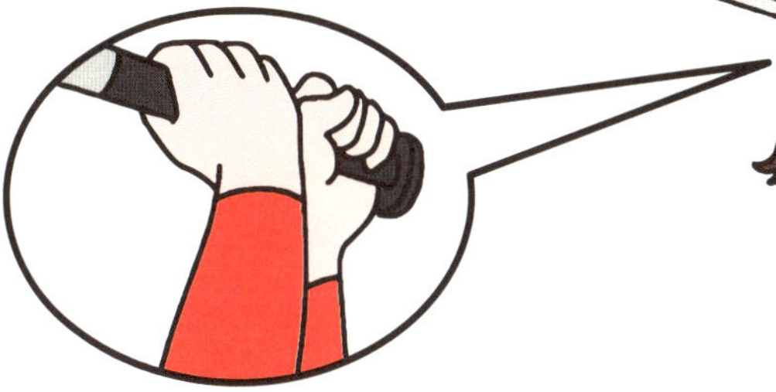

右手《みぎて》と左手《ひだりて》の甲《こう》は逆《ぎゃく》になる。

ボールを押《お》しこんだら、右手《みぎて》は自《し》然《ぜん》と返《かえ》り、打球方向《だきゅうほうこう》にバットがのびる。フォロースルーは大《おお》きく、最後《さいご》まで振《ふ》り切《き》る。

バットの選《えら》び方《かた》

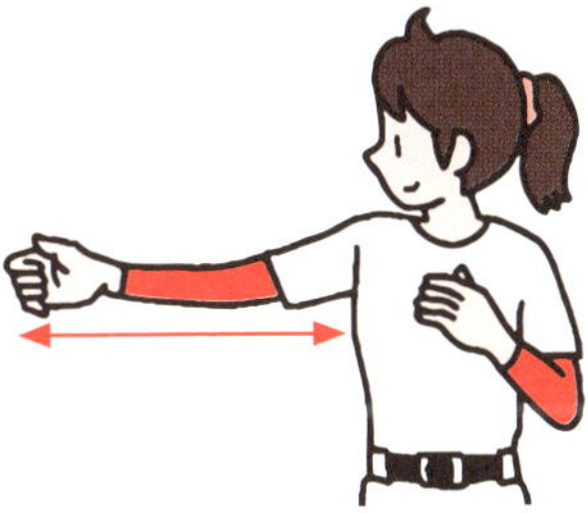

自分《じぶん》の体格《たいかく》に合《あ》わせたバットを選《えら》ぼう。腕《うで》のつけ根《ね》から指先《ゆびさき》までの長《なが》さの1.3倍《ばい》がバットの長《なが》さの目《め》安《やす》だよ。

同《おな》じ速《はや》さで振《ふ》れれば
重《おも》たいバットのほうが
打球《だきゅう》は飛《と》ぶけど、
無理《むり》すんなよな。

ボールを遠《とお》くに飛《と》ばす

1 ボールを遠《とお》くに飛《と》ばすには下半身《かはんしん》の力《ちから》が必要《ひつよう》なんだ。まずは左足《ひだりあし》をステップしてから腰《こし》を回転《かいてん》させよう。

横《よこ》から見《み》た動《うご》き

2 腰《こし》の回転《かいてん》が始《はじ》まると、バットが自然《しぜん》に出《で》てくる。続《つづ》いて左足《ひだりあし》で腰《こし》の回転《かいてん》を止《と》めて、バットがボールに当《あ》たる瞬間《しゅんかん》に右手《みぎて》でぐっとボールを押《お》しこむようにしよう。

3 地面《じめん》をぐっとけるように右足《みぎあし》のつま先《さき》に力《ちから》を入《い》れて、その力《ちから》を左足《ひだりあし》で受《う》け止《と》めてボールに伝《つた》えよう。

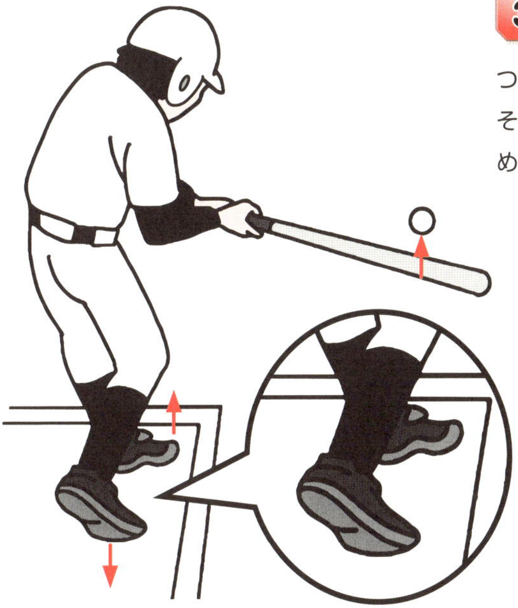

左足《ひだりあし》に力《ちから》が入《はい》っていないと、力《ちから》の弱《よわ》いスイングになってしまい、ボールが遠《とお》くに飛《と》ばないよ。

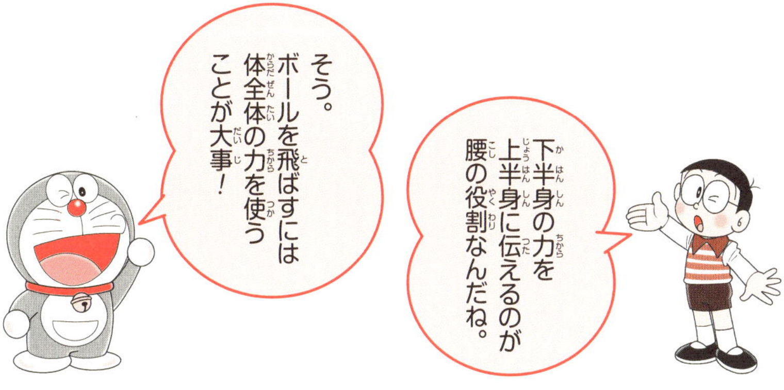

下《か》半《はん》身《しん》の力《ちから》を上《じょう》半《はん》身《しん》に伝《つた》えるのが腰《こし》の役《やく》割《わり》なんだね。
そう。ボールを飛《と》ばすには体《からだ》全《ぜん》体《たい》の力《ちから》を使《つか》うことが大《だい》事《じ》！

バッティングがうまくなる練習法《れんしゅうほう》

ボールを遠《とお》くに飛《と》ばす練習法《れんしゅうほう》

バットを背中《せなか》に当《あ》て、両手《りょうて》ではさんで腰《こし》を回転《かいてん》させる練習《れんしゅう》法《ほう》だよ。腰《こし》を水平《すいへい》に回転《かいてん》させる感覚《かんかく》を覚《おぼ》えよう。

バットをするどく振《ふ》り出《だ》す練習法《れんしゅうほう》

壁《かべ》やネットなどを振《ふ》り出《だ》しのところに置《お》いて、バットの長《なが》さ分《ぶん》の距離《きょり》を空《あ》けて素振《すぶ》りをしてみよう。壁《かべ》やネットにバットが当《あ》たらないように振《ふ》り出《だ》すことで、小《ちい》さく、するどく振《ふ》り出《だ》す感覚《かんかく》がつかめるよ。

ボールを打《う》ち返《かえ》す練習法《れんしゅうほう》

ボールがバットになかなか当《あ》たらないなら、テニスラケットでテニスボールを打《う》ってみよう。ボールをとらえる感覚《かんかく》やタイミングをつかむことができるよ。

バントの練習《れんしゅう》

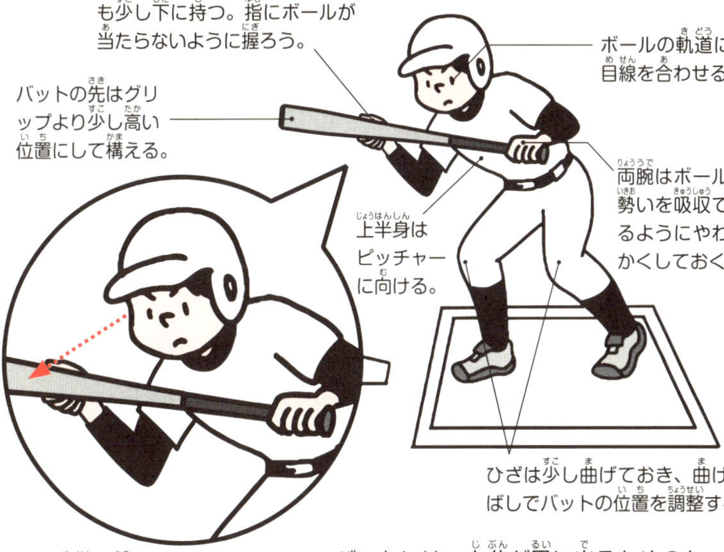

右手《みぎて》はボールが当《あ》たる部分《ぶぶん》よりも少《すこ》し下《した》に持《も》つ。指《ゆび》にボールが当《あ》たらないように握《にぎ》ろう。
ボールの軌道《きどう》に目線《めせん》を合《あ》わせる。
バットの先《さき》はグリップより少《すこ》し高《たか》い位置《いち》にして構《かま》える。
両腕《りょううで》はボールの勢《いきお》いを吸収《きゅうしゅう》できるようにやわらかくしておく。
上半身《じょうはんしん》はピッチャーに向《む》ける。
ひざは少《すこ》し曲《ま》げておき、曲《ま》げのばしでバットの位置《いち》を調整《ちょうせい》する。
目線《めせん》の先《さき》にバットがあるのが理想《りそう》だよ。

バントには、自分《じぶん》が塁《るい》に出《で》るためのセーフティバントと、ランナーを次《つぎ》の塁《るい》に進《すす》めるための送《おく》りバントがある。送《おく》りバントのときは、ピッチャーが投《な》げる前《まえ》からバントの構《かま》えをつくっておくと楽《らく》にできるよ。

ランナーがいるのに送《おく》りバントしてくれないんだ。
それはおれのことか?

ヒットを打《う》って出塁《しゅつるい》したら

リード

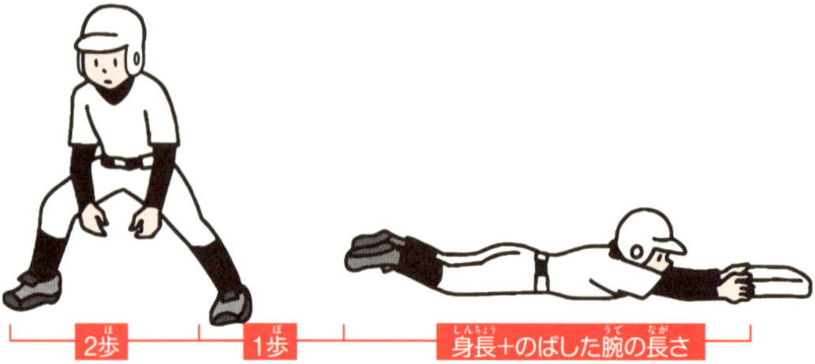

塁《るい》に出《で》たとき、進塁《しんるい》しやすくするため、ベースからはなれることを「リード」というよ。ただし、あまりリードしすぎるとピッチャーにけん制《せい》されてアウトになってしまう。けん制《せい》されても帰塁《きるい》できるリードの幅《はば》を知《し》っておこう。自分《じぶん》の身長《しんちょう》+のばした腕《うで》の長《なが》さの距離《きょり》から1～2歩分《ほぶん》の位置《いち》がリードの幅《はば》の目安《めやす》だよ。

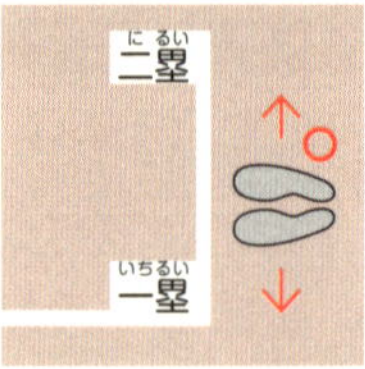

上《うえ》から見《み》たリードの位置《いち》の図《ず》

一塁《いちるい》ランナーのリードの位置《いち》は一《いち》・二塁間《にるいかん》の少《すこ》し後《うし》ろがベスト。これなら帰塁《きるい》も進塁《しんるい》も最短距離《さいたんきょり》で走《はし》ることができる。帰塁《きるい》は頭《あたま》からもどっても足《あし》からもどってもいいよ。

盗塁《とうるい》

次《つぎ》の塁《るい》をねらって盗塁《とうるい》するときは、右足《みぎあし》を次《つぎ》の塁《るい》に向《む》けて体重《たいじゅう》をすばやく乗《の》せてからけって、1歩目《ぽめ》の左足《ひだりあし》を前《まえ》に大《おお》きくふみ出《だ》そう。

バッタースボックスに入《はい》るまでの準備《じゅんび》

ネクストバッタースサークル

次《つぎ》の打順《だじゅん》のバッターが入《はい》るネクストバッタースサークルでは、相手《あいて》ピッチャーの動《うご》きに合《あ》わせて素振《すぶ》りをすることでタイミングをつかむことができる。イニング※やアウトカウント、ランナーがいるかどうかなど、試合《しあい》の状況《じょうきょう》も把握《はあく》しておこう。

※イニング…先攻《せんこう》の表《おもて》と後攻《こうこう》の裏《うら》に分《わ》かれた回《かい》のこと。

ルーティーン

打席《だせき》に入《はい》ったら、決《き》まった手順《てじゅん》や動作《どうさ》を行《おこな》うルーティーンを取《と》り入《い》れると、試合《しあい》での不安《ふあん》や緊張《きんちょう》をやわらげることができるよ。

おれは歌《うた》でも歌《うた》って打席《だせき》に入《はい》ろうかな！
それより打席《だせき》でいつも同《おな》じかけ声《ごえ》を出《だ》したり、構《かま》えるまでの動《うご》きを決《き》めたりしておくといいね！

第《だい》4章《しょう》　協力《きょうりょく》プレーは気《き》持《も》ちいい!

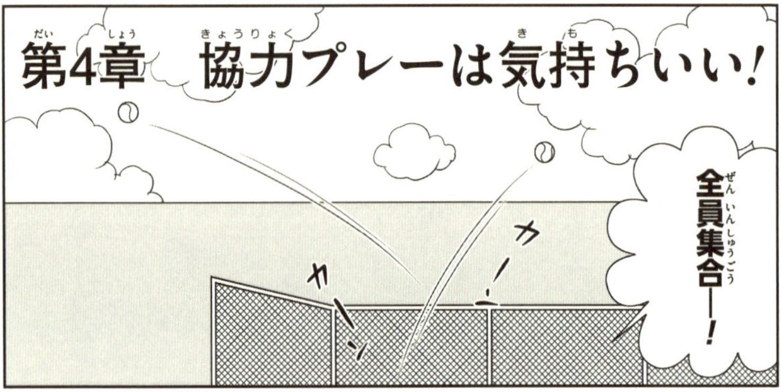
全《ぜん》員《いん》集《しゅう》合《ごう》ーー!
カーン
カーン

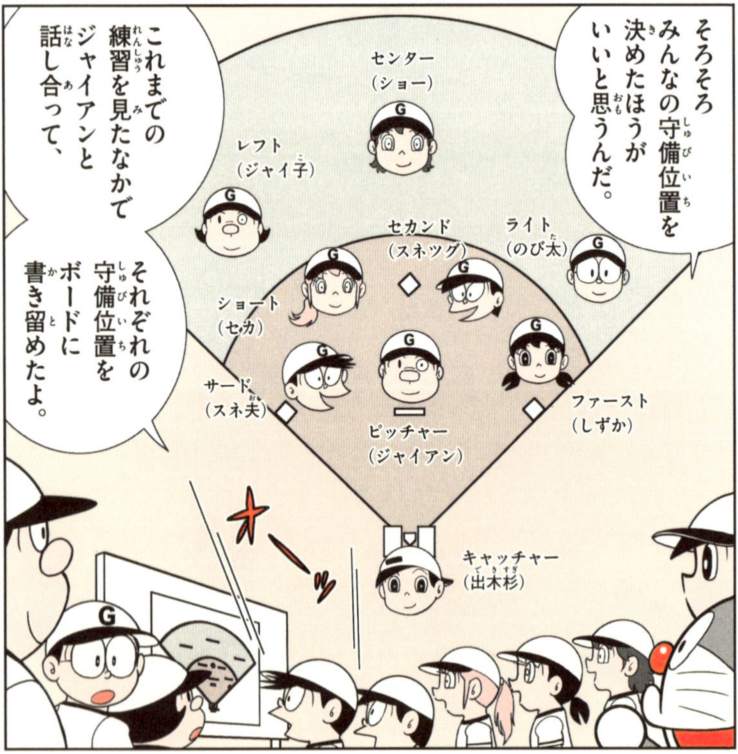
そろそろみんなの守備位置《しゅびいち》を決《き》めたほうがいいと思《おも》うんだ。
これまでの練習《れんしゅう》を見《み》たなかでジャイアンと話《はな》し合《あ》って、
それぞれの守備位置《しゅびいち》をボードに書《か》き留《と》めたよ。
センター（ショー）
レフト（ジャイ子《こ》）
セカンド（スネツグ）
ライト（のび太《た》）
ショート（セカ）
サード（スネ夫《お》）
ファースト（しずか）
ピッチャー（ジャイアン）
キャッチャー（出木杉《できすぎ》）
オーッ

そして、ピッチャーはショーくんとセカちゃんにも投《な》げてもらうね。
おいおい、おれ様《さま》が全試合《ぜんしあい》投《な》げるぜ！
残念《ざんねん》だけどルール上《じょう》、連投《れんとう》はできないんだよ。
そんな制限《せいげん》があるのか。知《し》らなかった。
ショーくんかセカちゃんが投《な》げるときは、ジャイアンにセンターかショートをやってもらうよ。
まかせろ！
守備位置《しゅびいち》が決《き》まれば、その守備位置《しゅびいち》に必要《ひつよう》な練習《れんしゅう》を集中《しゅうちゅう》してできるよね。
集中練習《しゅうちゅうれんしゅう》すればライトを守《まも》れる？
だいじょうぶ！プロの選手《せんしゅ》だってミスやエラーはするじゃないか。不安《ふあん》が消《き》えて楽《たの》しくなるほど練習《れんしゅう》すればいいんだよ。

新《しん》チームに生《う》まれ変《か》わったジャイアンズのメンバーの主《おも》な練習内容《れんしゅうないよう》だよ。
これを反復練習《はんぷくれんしゅう》してレベルアップだ。

ピッチャーの主《おも》な練習《れんしゅう》

- よいピッチャーのフォームを研究《けんきゅう》する。
- 安定《あんてい》した投球《とうきゅう》フォームで投《な》げる。
(肩《かた》のラインよりひじが下《さ》がらないようにする。)
- けん制球《せいきゅう》の練習《れんしゅう》。

ファーストの主《おも》な練習《れんしゅう》

- ショートバウンドの捕球練習《ほきゅうれんしゅう》。
- 送球《そうきゅう》されたボールを少《すこ》しでも早《はや》く捕《と》るための捕球《ほきゅう》フォーム(手足《てあし》をのばして捕《と》る)。
- バント処理《しょり》、ピッチャーとのけん制球《せいきゅう》、外野《がいや》とのカットプレー※の練習《れんしゅう》。

キャッチャーの主《おも》な練習《れんしゅう》

- ワンバウンドやそれたボールに対《たい》して体《からだ》で止《と》めて後《うし》ろに逃《のが》さない練習《れんしゅう》。
- 盗塁《とうるい》を防《ふせ》ぐ送球練習《そうきゅうれんしゅう》。

サードの主《おも》な練習《れんしゅう》

- ゴロやバント、打《う》ちそこねた打球《だきゅう》の捕球練習《ほきゅうれんしゅう》。
- ファウルライン寄《よ》りのゴロを逆《ぎゃく》シングル※で捕球《ほきゅう》する練習《れんしゅう》。
- 外野《がいや》とのカットプレーの練習《れんしゅう》。

セカンドの主《おも》な練習《れんしゅう》

- ゴロの捕球練習《ほきゅうれんしゅう》。
- 捕球《ほきゅう》からスローイングまでの迅速《じんそく》な送球《そうきゅう》。
- ファーストのカバー。
- 外野《がいや》とのカットプレーの練習《れんしゅう》。

※カットプレー…外野手《がいやしゅ》からの返球《へんきゅう》を内野手《ないやしゅ》やピッチャーが一度《いちど》カット(中継《ちゅうけい》)し、塁上《るいじょう》などに送球《そうきゅう》すること。
※逆《ぎゃく》シングル…グローブを持《も》つ手《て》とは反対方向《はんたいほうこう》の打球《だきゅう》に対《たい》し、グローブを反対側《はんたいがわ》にのばして片手《かたて》で捕球《ほきゅう》すること。

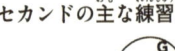

レフトの主《おも》な練習《れんしゅう》

・フライの捕《ほ》球《きゅう》練習《れんしゅう》。
・クッションボール※の処理《しょり》練習《れんしゅう》。
・内野《ないや》とのカットプレー練習《れんしゅう》。

ショートの主《おも》な練習《れんしゅう》

・ゴロの捕《ほ》球《きゅう》練習《れんしゅう》。
・深《ふか》い守備位置《しゅびいち》からの送球《そうきゅう》練習《れんしゅう》。
・外野《がいや》とのカットプレーの練習《れんしゅう》。

ライトの主《おも》な練習《れんしゅう》

・フライの捕《ほ》球《きゅう》練習《れんしゅう》。
・クッションボールの処理《しょり》練習《れんしゅう》。
・内野《ないや》とのカットプレー練習《れんしゅう》。

センターの主《おも》な練習《れんしゅう》

・フライの捕《ほ》球《きゅう》練習《れんしゅう》。
・レフト、ライトとの連携《れんけい》練習《れんしゅう》。
・内野《ないや》とのカットプレーの練習《れんしゅう》。

フライやゴロを捕《と》るのが上手《じょうず》になる近道《ちかみち》はないの？
ポーン
上手《じょうず》になる近道《ちかみち》は練習《れんしゅう》しかないよ！

※クッションボール…フェンスに当《あ》たり、はね返《かえ》ってきたボールのこと。

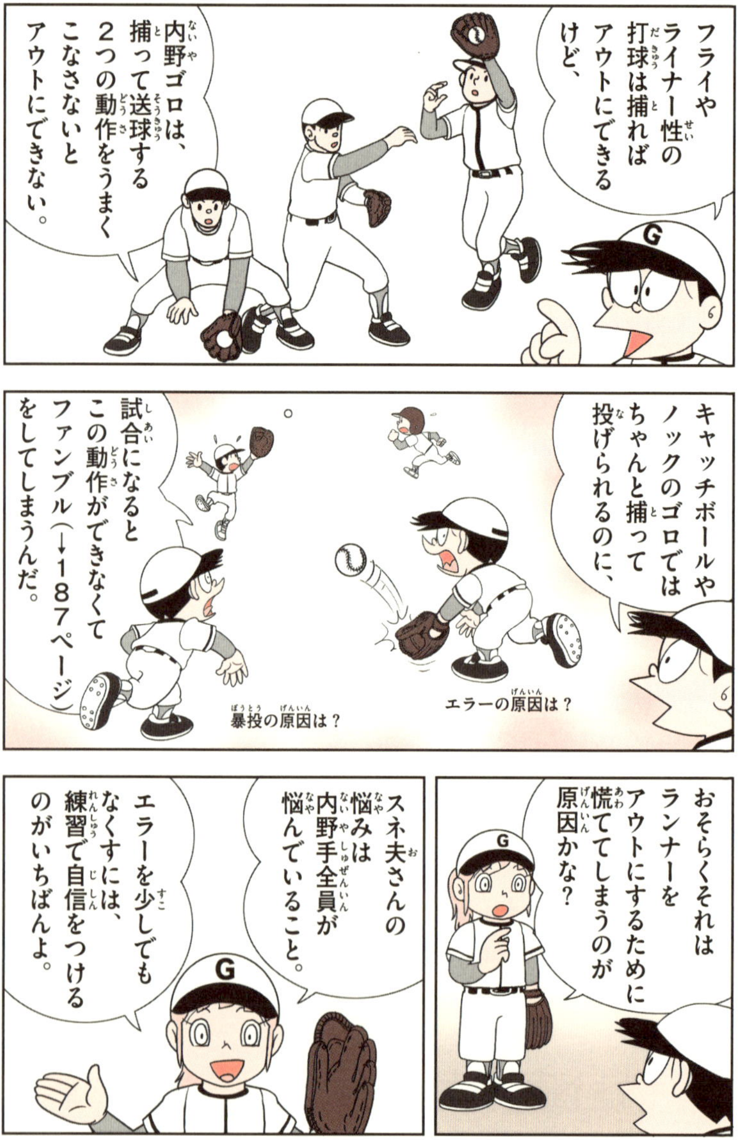
フライやライナー性《せい》の打球《だきゅう》は捕《と》ればアウトにできるけど、
内野《ないや》ゴロは、捕《と》って送球《そうきゅう》する2つの動作《どうさ》をうまくこなさないとアウトにできない。
キャッチボールやノックのゴロではちゃんと捕《と》って投《な》げられるのに、
試合《しあい》になるとこの動作《どうさ》ができなくてファンブル（→187ページ）をしてしまうんだ。
エラーの原因《げんいん》は？
暴投《ぼうとう》の原因《げんいん》は？
おそらくそれはランナーをアウトにするために慌《あわ》ててしまうのが原因《げんいん》かな？
スネ夫《お》さんの悩《なや》みは内野手全員《ないやしゅぜんいん》が悩《なや》んでいること。
エラーを少《すこ》しでもなくすには、練習《れんしゅう》で自信《じしん》をつけるのがいちばんよ。

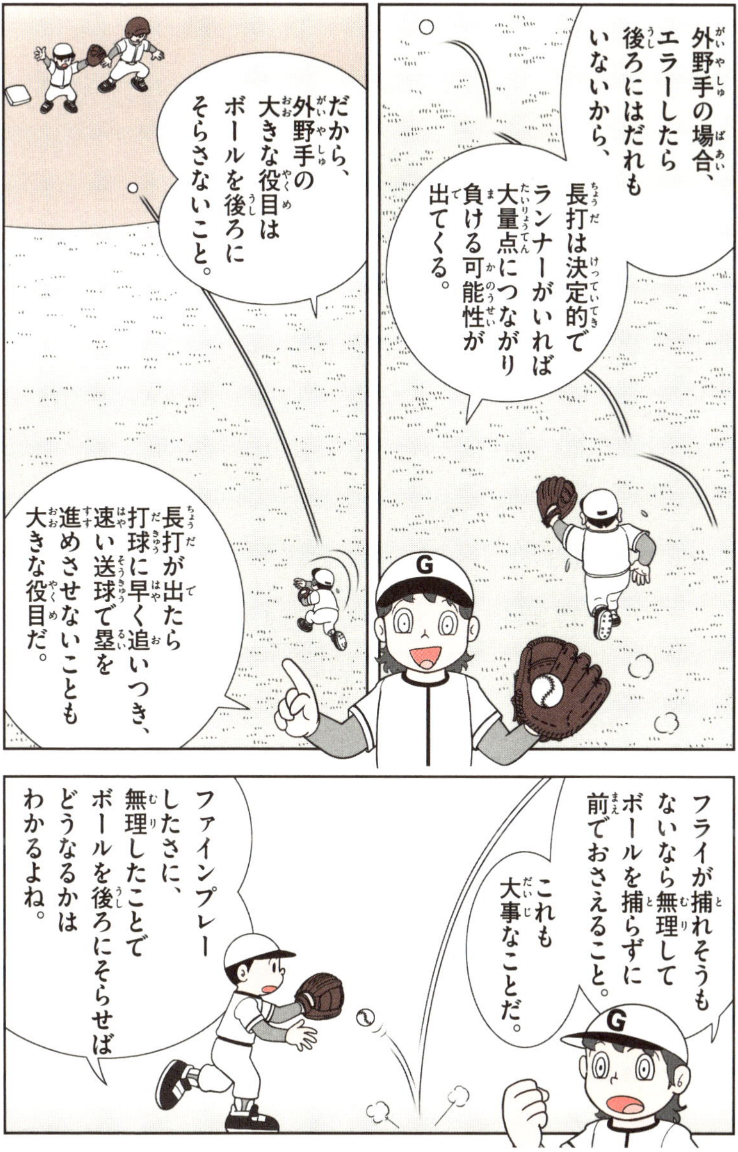
外野手《がいやしゅ》の場合《ばあい》、エラーしたら後《うし》ろにはだれもいないから、
長打《ちょうだ》は決定的《けっていてき》でランナーがいれば大量点《たいりょうてん》につながり負《ま》ける可能性《かのうせい》が出《で》てくる。
だから、外野手《がいやしゅ》の大《おお》きな役目《やくめ》はボールを後《うし》ろにそらさないこと。
長打《ちょうだ》が出《で》たら打球《だきゅう》に早《はや》く追《お》いつき、速《はや》い送球《そうきゅう》で塁《るい》を進《すす》めさせないことも大《おお》きな役目《やくめ》だ。
フライが捕《と》れそうもないなら無理《むり》してボールを捕《と》らずに前《まえ》でおさえること。
これも大事《だいじ》なことだ。
ファインプレーしたさに、無理《むり》したことでボールを後《うし》ろにそらせばどうなるかはわかるよね。

内野手《ないやしゅ》の捕球《ほきゅう》から送球《そうきゅう》までの動作《どうさ》を確認《かくにん》してみよう！
1 打球《だきゅう》に備《そな》え構《かま》える。
2 左足《ひだりあし》寄《よ》りの位置《いち》でボールを捕《と》る。
キャッチボールで、クイックスローで投《な》げる練習《れんしゅう》をしていれば、その練習《れんしゅう》が送球《そうきゅう》で生《い》かせる。
3 右足《みぎあし》を左足《ひだりあし》の前《まえ》にふみ出《だ》して同時《どうじ》に手《て》はボールをつかむ。
4 つかんだボールは右耳《みぎみみ》あたりまでもってくる。
この捕球《ほきゅう》して送球《そうきゅう》するまでの動作《どうさ》は、ひとつながりになっているんだね。だから、ファンブルすればエラーを起《お》こすんだよ。
5 左足《ひだりあし》をふみ出《だ》して送球《そうきゅう》する。

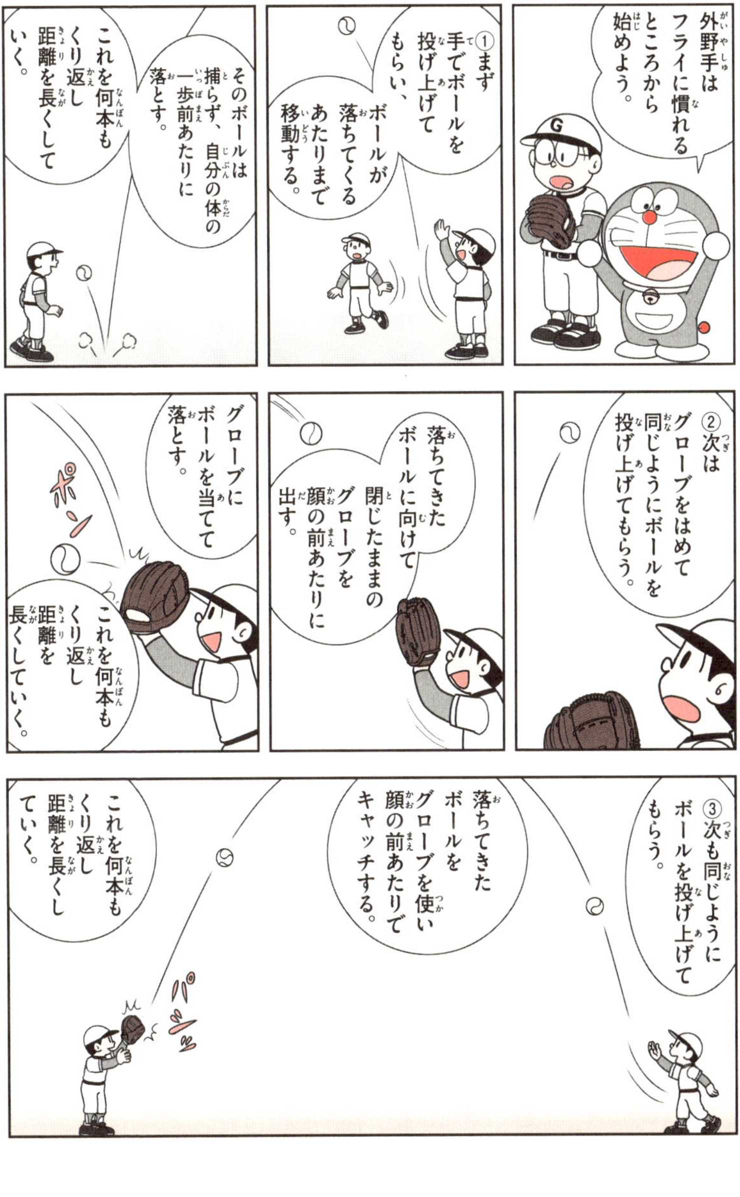
外野手《がいやしゅ》はフライに慣《な》れるところから始《はじ》めよう。
①まず手《て》でボールを投《な》げ上《あ》げてもらい、
ボールが落《お》ちてくるあたりまで移動《いどう》する。
そのボールは捕《と》らず、自分《じぶん》の体《からだ》の一歩前《いっぽまえ》あたりに落《お》とす。
これを何本《なんぼん》もくり返《かえ》し距離《きょり》を長《なが》くしていく。
②次《つぎ》はグローブをはめて同《おな》じようにボールを投《な》げ上《あ》げてもらう。
落《お》ちてきたボールに向《む》けて閉《と》じたままのグローブを顔《かお》の前《まえ》あたりに出《だ》す。
グローブにボールを当《あ》てて落《お》とす。
ポン
これを何本《なんぼん》もくり返《かえ》し距離《きょり》を長《なが》くしていく。
③次《つぎ》も同《おな》じようにボールを投《な》げ上《あ》げてもらう。
落《お》ちてきたボールをグローブを使《つか》い顔《かお》の前《まえ》あたりでキャッチする。
パシッ
これを何本《なんぼん》もくり返《かえ》し距離《きょり》を長《なが》くしていく。

う〜〜ん…。
どうしたの出《で》木《き》杉《すぎ》くん。
もう少《すこ》し人数《にんずう》がいたら試合形式《しあいけいしき》の練習《れんしゅう》や
ランナーがいた場合《ばあい》の守備位置《しゅびいち》とか、
攻撃《こうげき》の仕方《しかた》とか練習《れんしゅう》できるのになと思《おも》ったんだ。
守備《しゅび》と攻撃《こうげき》か…。
そうか！あの道具《どうぐ》が使《つか》えるぞ！
「分身《ぶんしん》ハンマー」。
心《こころ》が２つに分《わ》かれたときにこれで頭《あたま》をたたくと、体《からだ》が２つに分《わ》かれる。
攻撃《こうげき》したい気持《きもち》と守備《しゅび》がしたい気持《きもち》を利用《りよう》すれば２つに…、
コチン
あれ……。
パカ
ヒャー！ぼくの分身《ぶんしん》だ！

すごい！
どう？実力《じつりょく》がまったく同《おな》じチームができたよ。
これで、試合形式《しあいけいしき》の練習《れんしゅう》ができるね！
アウトカウントは設定《せってい》ごとに変《か》えて、
ピッチャーは投《な》げずに、ティースタンドのボールを打《う》つことにしよう。
先攻《せんこう》（攻撃《こうげき》）は分身《ぶんしん》チーム。
本物《ほんもの》チームは後攻《こうこう》（守備《しゅび》）で始《はじ》めよう。
1
2
HEFc
分身
本物
どう守《まも》るか、どう攻《せ》めるか。
いろいろな状況設定《じょうきょうせってい》をつくって、みんなで考《かんが》えて、大会《たいかい》に備《そな》えよう。

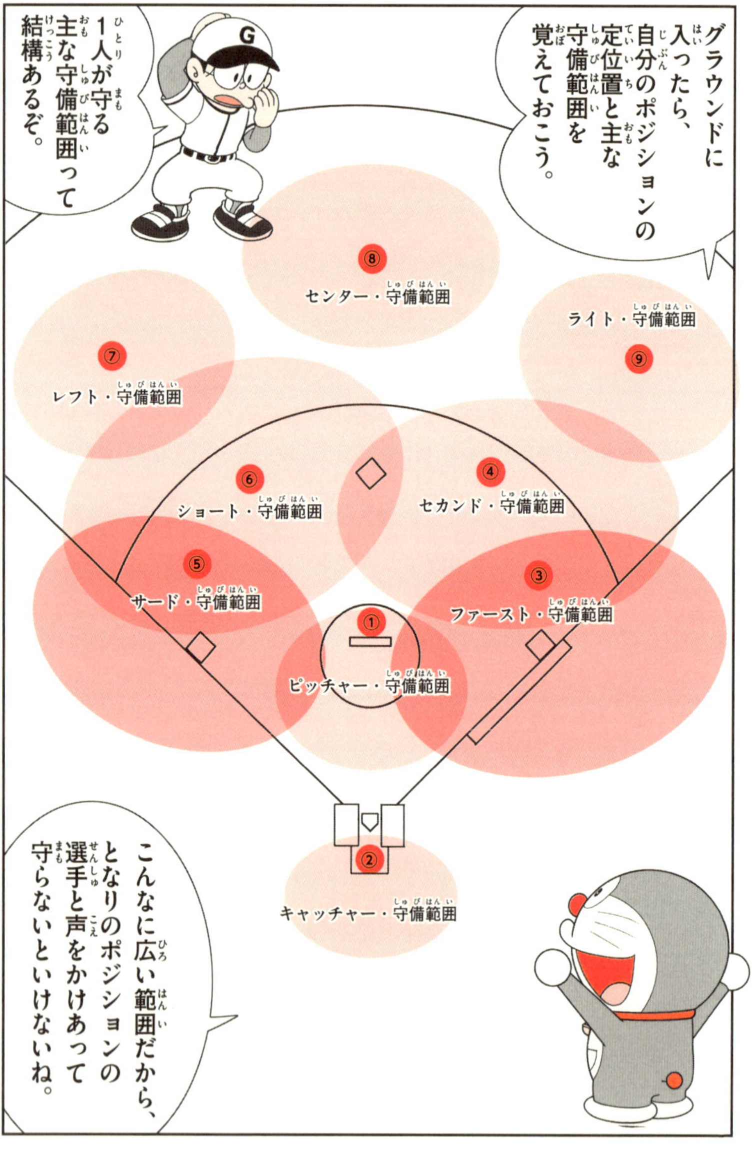
グラウンドに入《はい》ったら、自分《じぶん》のポジションの定位置《ていいち》と主《おも》な守備範囲《しゅびはんい》を覚《おぼ》えておこう。
1人《ひとり》が守《まも》る主《おも》な守備範囲《しゅびはんい》って結構《けっこう》あるぞ。
⑧
センター・守備範囲《しゅびはんい》
⑦
レフト・守備範囲《しゅびはんい》
ライト・守備範囲《しゅびはんい》
⑨
⑥
ショート・守備範囲《しゅびはんい》
④
セカンド・守備範囲《しゅびはんい》
⑤
サード・守備範囲《しゅびはんい》
③
ファースト・守備範囲《しゅびはんい》
①
ピッチャー・守備範囲《しゅびはんい》
②
キャッチャー・守備範囲《しゅびはんい》
こんなに広《ひろ》い範囲《はんい》だから、となりのポジションの選手《せんしゅ》と声《こえ》をかけあって守《まも》らないといけないね。

守備側《しゅびがわ》も攻撃側《こうげきがわ》も
プレー中《ちゅう》に
妨害行為《ぼうがいこうい》が起《お》こる
ことがある。
妨害行為《ぼうがいこうい》反対《はんたい》！
フェアプレー賛成《さんせい》！
妨害行為《ぼうがいこうい》には
ペナルティー（罰《ばつ》）を
あたえられるから
気《き》をつけよう。

打撃妨害《だげきぼうがい》

打者《だしゃ》が打《う》つことをじゃまする行為《こうい》。ペナルティーとして、打者《だしゃ》は一《いち》塁《るい》に進《すす》める。キャッチャーが打者《だしゃ》にふれたり、キャッチャーミットがバットにふれたりした場合《ばあい》は打撃妨害《だげきぼうがい》になってしまうよ。

走塁妨害《そうるいぼうがい》

野手《やしゅ》が走塁《そうるい》をじゃまする行為《こうい》。ペナルティーとして、走者《そうしゃ》は妨害《ぼうがい》がなかった場合《ばあい》の塁《るい》まで安全《あんぜん》に進《すす》める。野手《やしゅ》は打球《だきゅう》や送球《そうきゅう》を処理《しょり》するときと、ボールを持《も》って走者《そうしゃ》をアウトにするとき以外《いがい》は、走者《そうしゃ》を優《ゆう》先《せん》しなければいけないんだ。

守備妨害《しゅびぼうがい》

攻撃側《こうげきがわ》が守備側《しゅびがわ》の選手《せんしゅ》をじゃまする行為《こうい》。ペナルティーとして、打《だ》者《しゃ》や走者《そうしゃ》がアウトになる。守備妨害《しゅびぼうがい》には、「キャッチャーに対《たい》する守備妨害《しゅびぼうがい》」や「内野手《ないやしゅ》に対《たい》する守備妨害《しゅびぼうがい》」などのケースがある。

わざとじゃなくても
妨害行為《ぼうがいこうい》と見《み》なされてしまうことがあるから、
ルールはしっかり把握《はあく》しておこう！
くわしくは、166～167ページを読《よ》んでね。

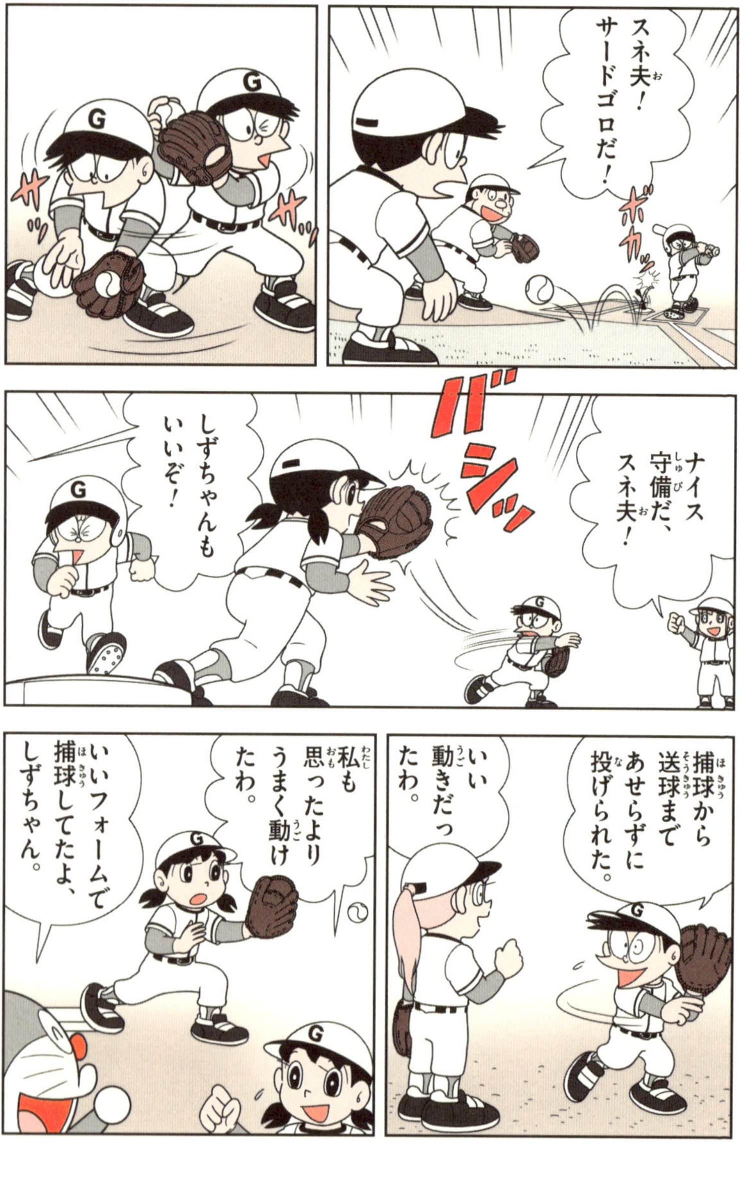
スネ夫《お》！サードゴロだ！
ボカッ
ザッ
ザッ
ナイス守備《しゅび》だ、スネ夫《お》！
バシッ
しずちゃんもいいぞ！
捕球《ほきゅう》から送球《そうきゅう》まであせらずに投《な》げられた。
いい動《うご》きだったわ。
私《わたし》も思《おも》ったよりうまく動《うご》けたわ。
いいフォームで捕球《ほきゅう》してたよ、しずちゃん。

分身《ぶんしん》チーム
ジャイアンの
打席《だせき》
ガーーン
ライトーー！
のび太《た》ー
いったぞーー！
フライの練習《れんしゅう》は
たくさんした
んだ…。
半身《はんしん》で
ボールを
見《み》て…。
あれ？
これは
思《おも》ったより
大《おお》きいか…？
分身《ぶんしん》
ジャイアンも
やっぱり
打《う》つんだー。
ポーン
もっと後《うし》ろで
守《まも》ったほうが
よかったな…。
ジャイアンは
二塁《にるい》に
向《む》かってる！
三塁《さんるい》も
ねらってる
走《はし》りだぞ！
のび太《た》
くーん！
早《はや》く早《はや》くー！
スネッグ
くんが
中継《ちゅうけい》プレーに
来《き》てるのか…。

スネツグくん！
ボールは山《やま》なりで返《かえ》さない。速《はや》い球《たま》ですばやく返《かえ》す。
分身《ぶんしん》ジャイアンが二塁《にるい》を回《まわ》ったー！
パシッ
スネツーグ！こっちこっちー！
オッケー！セカ！頼《たの》んだ！
スネ夫《お》さん！
よし！させるぞ！
ヘッドスライディングだ！
ズザザザ…
ワーーッ
セーフ!!
ナイスラン！ジャイアン！
中継《ちゅうけい》プレーもよかったぞ！

ごめん。ぼくの守備《しゅび》がいけなかった…。
ドンマイ。あのあたりは分身《ぶんしん》ジャイアンの打球《だきゅう》がすごかったんだ。
もしのび太《た》くんがライトオーバーのヒットを捕《と》ってしまったら、
あの中継《ちゅうけい》プレーは見《み》られなかったから、結果的《けっかてき》によかったんだよ。
あのプレーはみんながひとつになった瞬間《しゅんかん》だった。
あんな気持《きも》ちのいい中継《ちゅうけい》プレーを見《み》せてくれてありがとう。
アウトにできなかったのは、中継《ちゅうけい》プレーが一直線《いちちょくせん》になっていなかったからかな？
それを指示《しじ》する人《ひと》がいなかったのも原因《げんいん》かな？
一直線《いちちょくせん》？
指示《しじ》？

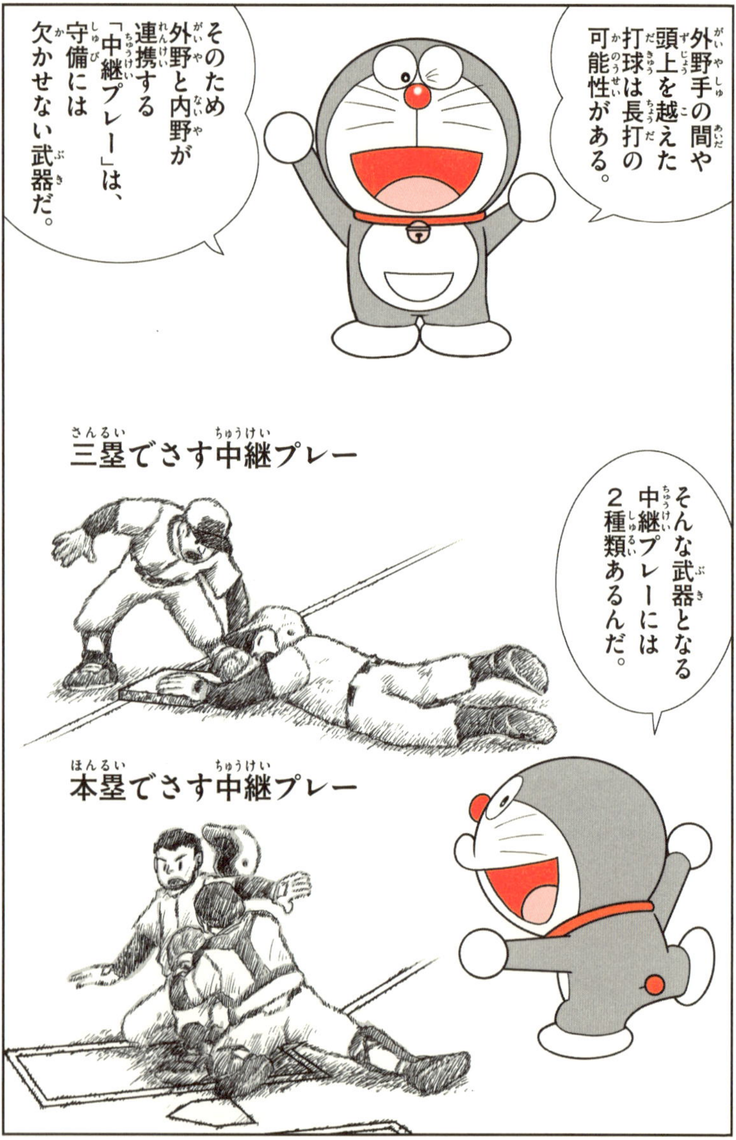
外野手《がいやしゅ》の間《あいだ》や頭上《ずじょう》を越《こ》えた打球《だきゅう》は長打《ちょうだ》の可能性《かのうせい》がある。
そのため外野《がいや》と内野《ないや》が連携《れんけい》する「中継《ちゅうけい》プレー」は、守備《しゅび》には欠《か》かせない武器《ぶき》だ。
そんな武器《ぶき》となる中継《ちゅうけい》プレーには2種類《しゅるい》あるんだ。
三塁《さんるい》でさす中継《ちゅうけい》プレー
本塁《ほんるい》でさす中継《ちゅうけい》プレー

中継《ちゅうけい》プレー

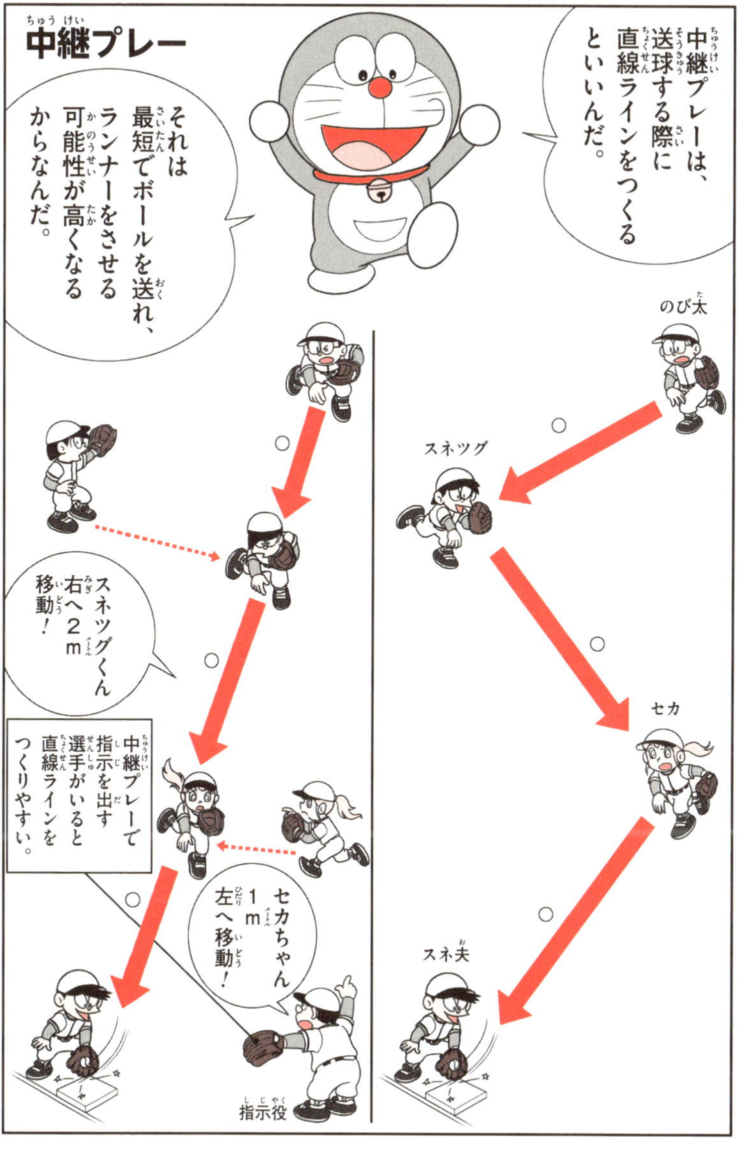

中継《ちゅうけい》プレーは、送球《そうきゅう》する際《さい》に直線《ちょくせん》ラインをつくるといいんだ。
それは最短《さいたん》でボールを送《おく》れ、ランナーをさせる可能性《かのうせい》が高《たか》くなるからなんだ。
のび太《た》
スネツグ
セカ
スネ夫《お》
スネツグくん右《みぎ》へ2m《メートル》移動《いどう》!
中継《ちゅうけい》プレーで指示《しじ》を出《だ》す選手《せんしゅ》がいると直線《ちょくせん》ラインをつくりやすい。
セカちゃん1m《メートル》左《ひだり》へ移動《いどう》!
指示役《しじやく》

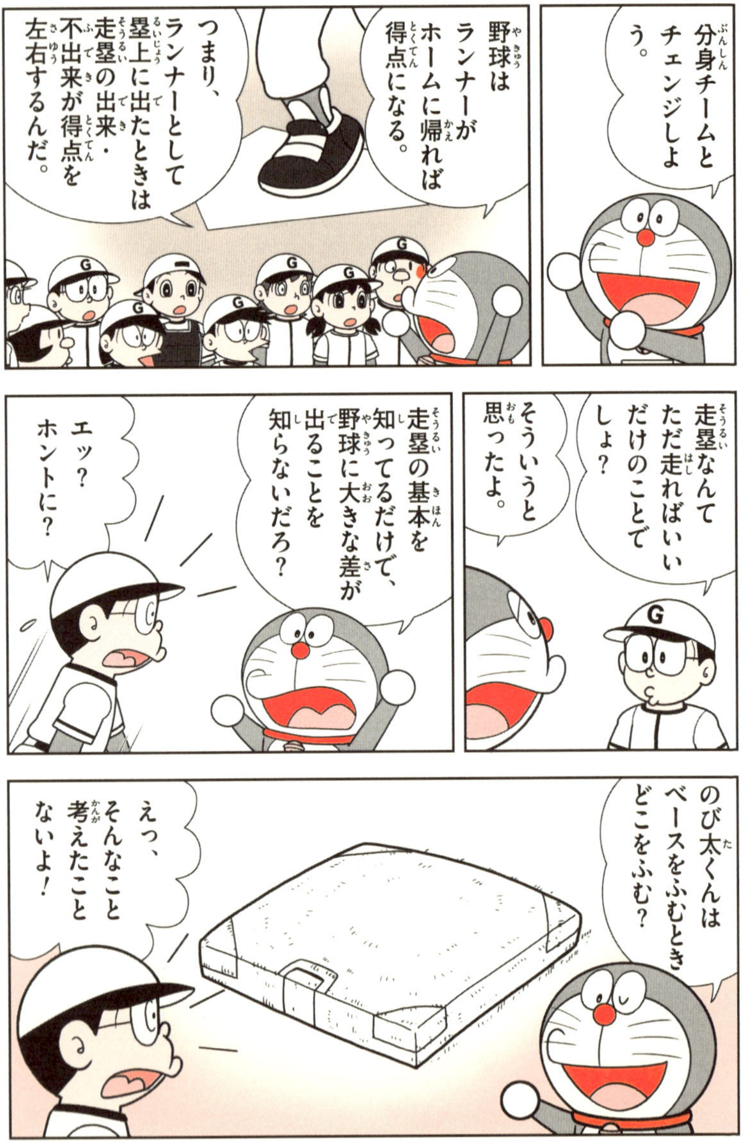
分身《ぶんしん》チームとチェンジしよう。
野球《やきゅう》はランナーがホームに帰《かえ》れば得点《とくてん》になる。
つまり、ランナーとして塁上《るいじょう》に出《で》たときは走塁《そうるい》の出来《でき》・不出来《ふでき》が得点《とくてん》を左右《さゆう》するんだ。
走塁《そうるい》なんてただ走《はし》ればいいだけのことでしょ？
そういうと思《おも》ったよ。
走塁《そうるい》の基本《きほん》を知《し》ってるだけで、野球《やきゅう》に大《おお》きな差《さ》が出《で》ることを知《し》らないだろ？
エッ？ホントに？
のび太《た》くんはベースをふむときどこをふむ？
えっ、そんなこと考《かんが》えたことないよ！

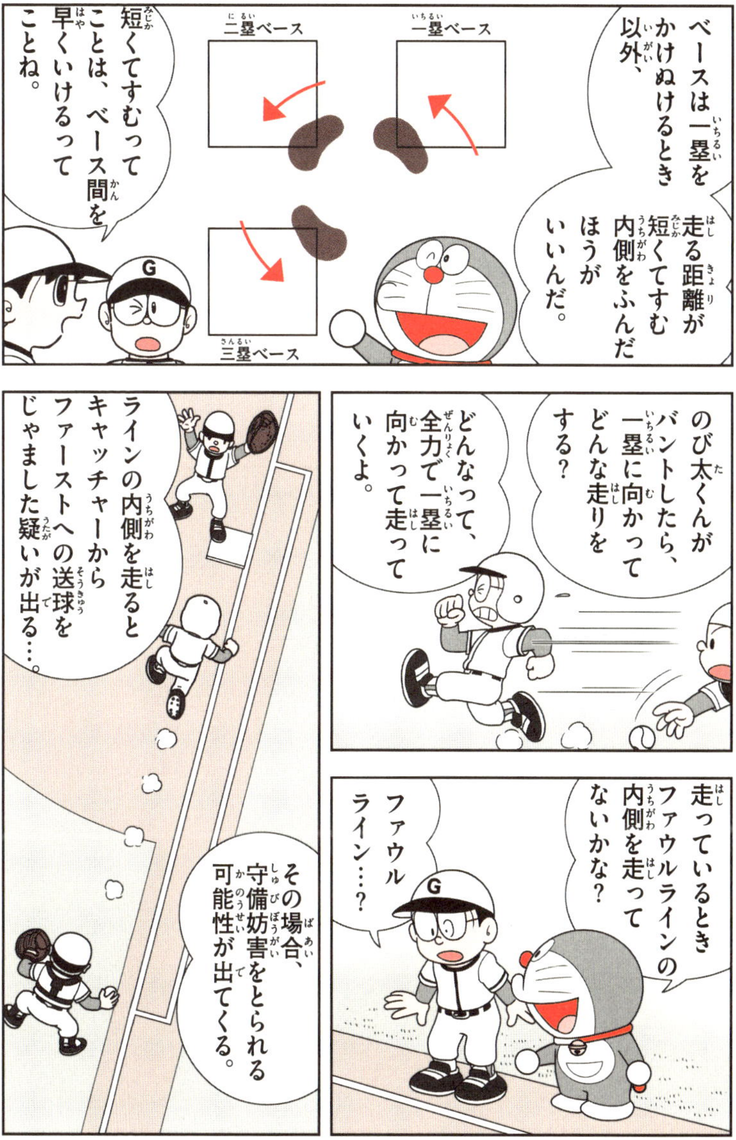
ベースは一塁《いちるい》をかけぬけるとき以外《いがい》、
走《はし》る距離《きょり》が短《みじか》くてすむ内側《うちがわ》をふんだほうがいいんだ。
一塁《いちるい》ベース
二塁《にるい》ベース
三塁《さんるい》ベース
短《みじか》くてすむってことは、ベース間《かん》を早《はや》くいけるってことね。
のび太《た》くんがバントしたら、一塁《いちるい》に向《む》かってどんな走《はし》りをする？
どんなって、全力《ぜんりょく》で一塁《いちるい》に向《む》かって走《はし》っていくよ。
走《はし》っているときファウルラインの内側《うちがわ》を走《はし》ってないかな？
ファウルライン…？
ラインの内側《うちがわ》を走《はし》るとキャッチャーからファーストへの送球《そうきゅう》をじゃました疑《うたが》いが出《で》る…。
その場合《ばあい》、守備妨害《しゅびぼうがい》をとられる可能性《かのうせい》が出《で》てくる。

内野《ないや》ゴロでセーフになった場合《ばあい》の走塁《そうるい》

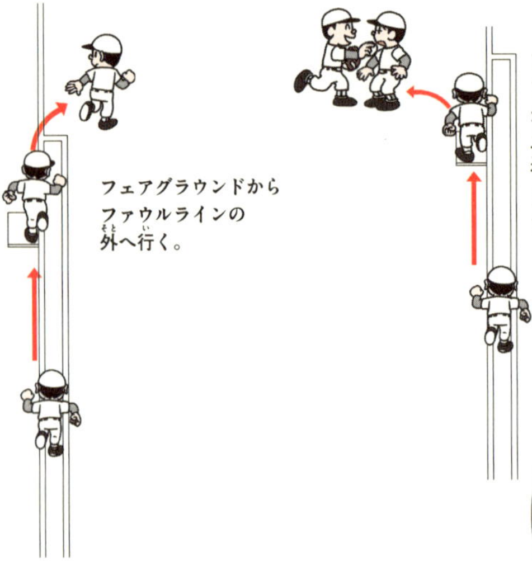

フェアグラウンドからファウルラインの外《そと》へ行《い》く。

フェアグラウンド、ファウルグラウンドにかかわらず、走者《そうしゃ》が二塁《にるい》へ進《すす》もうとする行為《こうい》を示《しめ》せば、タッチされるとアウトになる。

打《う》った後《あと》の
走塁《そうるい》の練習《れんしゅう》は
野球《やきゅう》をするうえで
とても大切《たいせつ》だよ。

次《つぎ》の塁《るい》をうかがう走塁《そうるい》

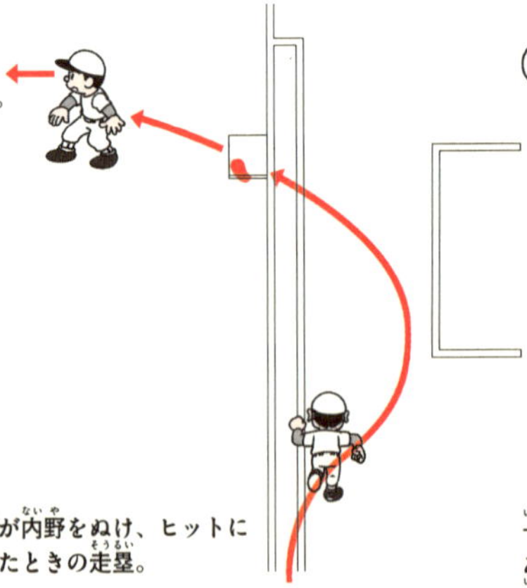

一塁《いちるい》を回《まわ》り二塁《にるい》をうかがう。

打球《だきゅう》が内野《ないや》をぬけ、ヒットになったときの走塁《そうるい》。

一塁《いちるい》のコーチスボックスあたりでふくらんで走《はし》り、一塁《いちるい》ベースへ向《む》かう。

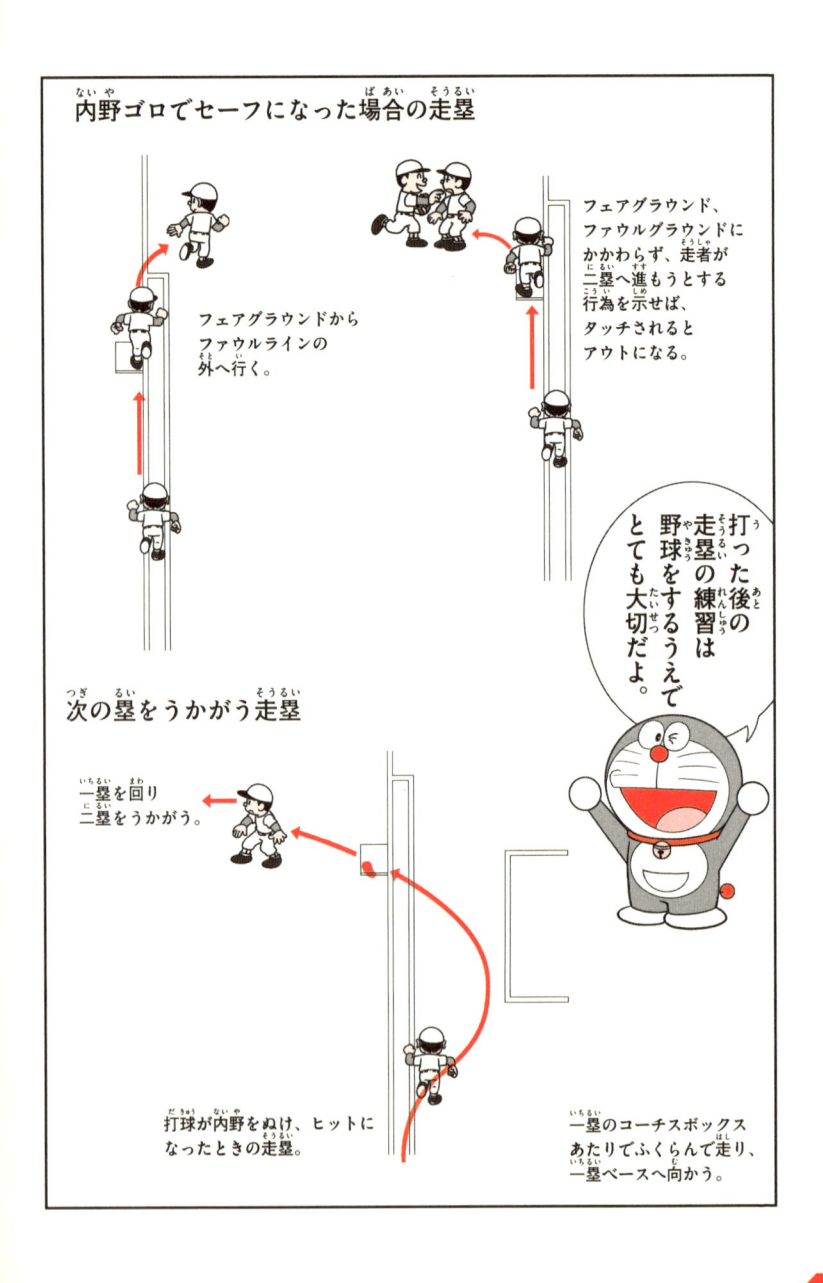

次《つぎ》の塁《るい》の状況《じょうきょう》を確認《かくにん》する走塁《そうるい》

その塁《るい》に進《すす》んだとき相手《あいて》チームの守備《しゅび》がどんな状況《じょうきょう》なのか確認《かくにん》しよう。
場合《ばあい》によっては次《つぎ》の塁《るい》をねらえるかもしれないよ。

内野手《ないやしゅ》がゴロやバントの処理《しょり》のためにベースカバーがいない塁《るい》をつくっているとき

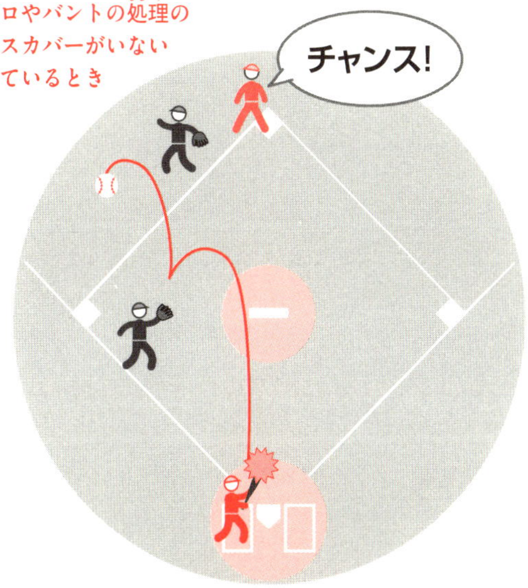
チャンス!

相手《あいて》のミスに乗《じょう》じて次《つぎ》の塁《るい》を狙《ねら》えることを知《し》っておこう!

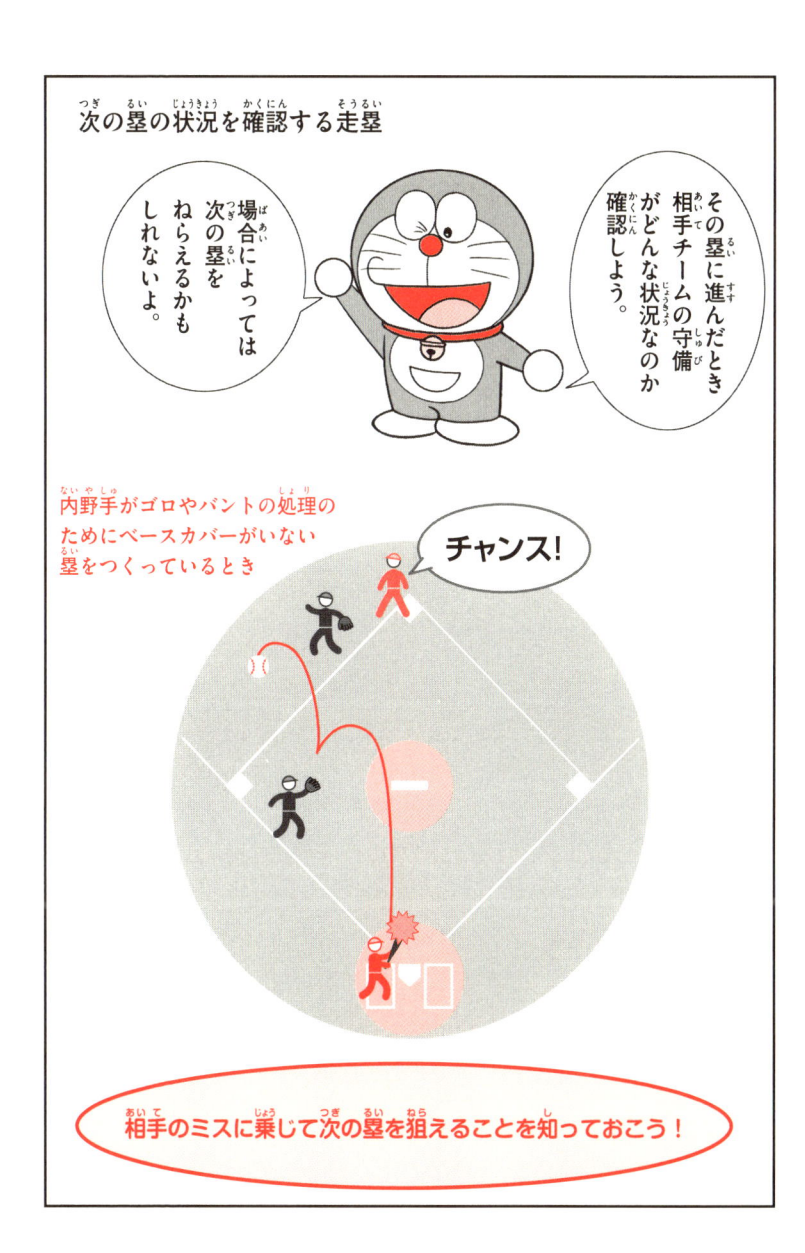

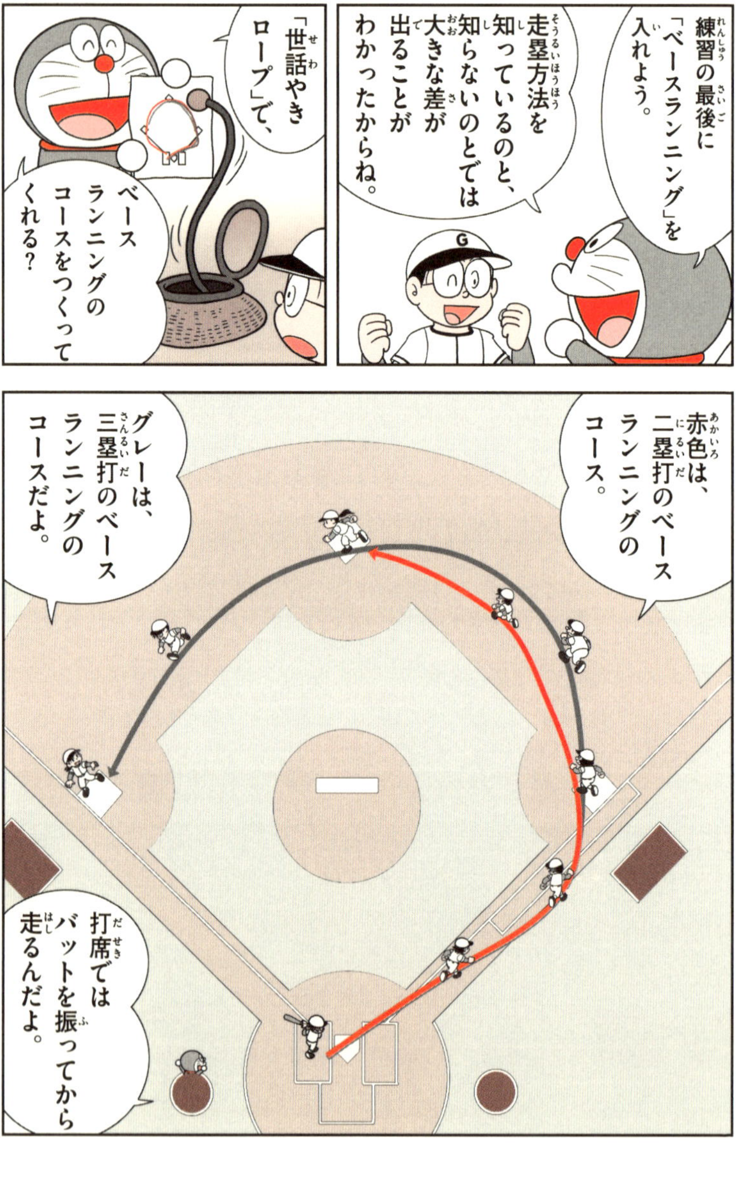
練習《れんしゅう》の最後《さいご》に「ベースランニング」を入《い》れよう。
走塁方法《そうるいほうほう》を知《し》っているのと、知《し》らないのとでは大《おお》きな差《さ》が出《で》ることがわかったからね。
「世話《せわ》やきロープ」で、
ベースランニングのコースをつくってくれる？
赤色《あかいろ》は、二塁打《にるいだ》のベースランニングのコース。
グレーは、三塁打《さんるいだ》のベースランニングのコースだよ。
打席《だせき》ではバットを振《ふ》ってから走《はし》るんだよ。

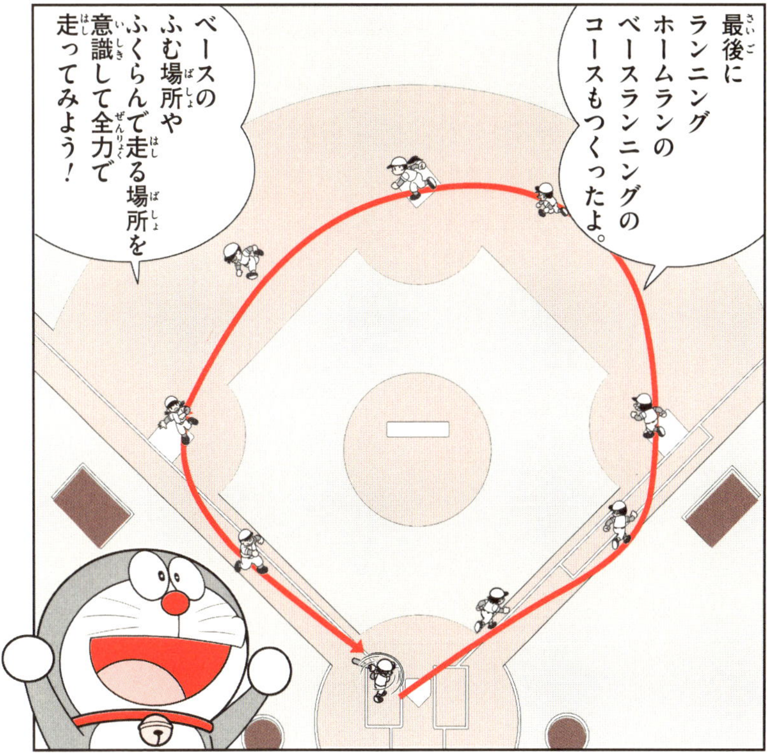
最後《さいご》にランニングホームランのベースランニングのコースもつくったよ。
ベースのふむ場所《ばしょ》やふくらんで走《はし》る場所《ばしょ》を意識《いしき》して全力《ぜんりょく》で走《はし》ってみよう！

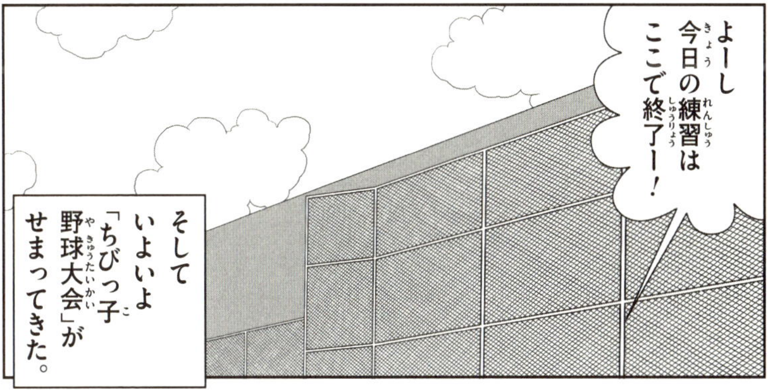
よーし今日《きょう》の練習《れんしゅう》はここで終了《しゅうりょう》ー！
そしていよいよ「ちびっ子《こ》野球大会《やきゅうたいかい》」がせまってきた。

協力《きょうりょく》プレー　バックアップ

野手《やしゅ》が、送球《そうきゅう》や打球《だきゅう》を捕《と》りそこねたときに備《そな》えて、その野手《やしゅ》の後《うし》ろに回《まわ》りこみカバーすることを「バックアップ」という。ランナーを次《つぎ》の塁《るい》に進《すす》ませなければよいので、あまり野手同士《やしゅどうし》が近《ちか》くになりすぎないようにしよう。

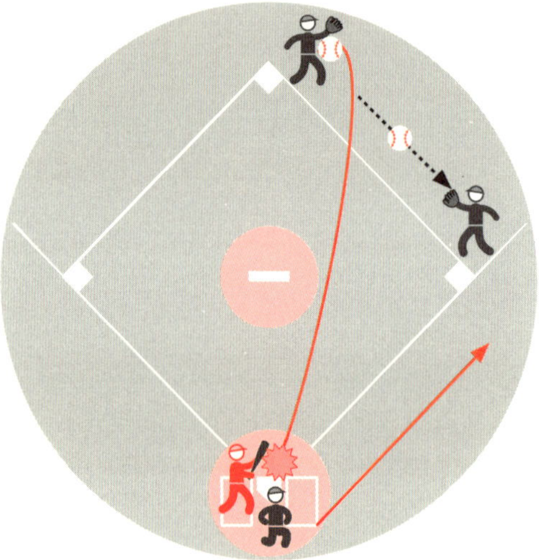

例《れい》 悪送球《あくそうきゅう》へのバックアップ

ゴロを捕球《ほきゅう》し一塁《いちるい》へ送球《そうきゅう》するとき、内野手《ないやしゅ》が悪送球《あくそうきゅう》をしたり、ファーストが捕《と》りそこねたりした場合《ばあい》に備《そな》えてキャッチャーがファーストの後《うし》ろに回《まわ》りこむ。バッターが二塁《にるい》または三塁《さんるい》へ進塁《しんるい》するのを防《ふせ》げるよ。

試合中《しあいちゅう》は、常《つね》に〝万《まん》が一《いち》〟を考《かんが》えるように動《うご》かなきゃね。

協力《きょうりょく》プレー　カバーリング

野手《やしゅ》がボールを追《お》いかけているときに、ほかの野手《やしゅ》が空《あ》いているベースに入《はい》る動《うご》きが「カバーリング」。バッターの出塁《しゅつるい》やランナーの進塁《しんるい》を防《ふせ》いだり、守備態勢《しゅびたいせい》を維持《いじ》したりするために大事《だいじ》なプレーだよ。

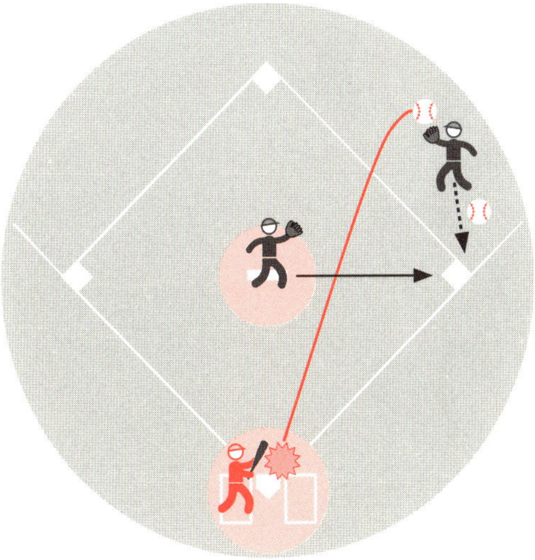

例《れい》 ピッチャーによる一塁《いちるい》ベースカバー

打球《だきゅう》が一塁方向《いちるいほうこう》に飛《と》び、ファーストが捕球《ほきゅう》しようと塁《るい》をはなれたときには、バッターランナーをアウトにするためにピッチャーが一塁《いちるい》ベースに入《はい》る。

バックアップもカバーリングも周《まわ》りをよく見《み》て状況《じょうきょう》を判断《はんだん》することが大切《たいせつ》だね。
練習《れんしゅう》のときから心《こころ》がけるといいよ！

外野《がいや》や内野《ないや》にフライが飛《と》んだときには、おたがいに声《こえ》かけをして、誰《だれ》が捕《と》るのかをはっきりさせよう。「外野手同士《がいやしゅどうし》で同時《どうじ》に声《こえ》を出《だ》したときは、センターを優先《ゆうせん》する」「内野《ないや》手《しゅ》と外野手《がいやしゅ》が同時《どうじ》に声《こえ》を出《だ》したときは、外野手《がいやしゅ》を優先《ゆうせん》する」といったように声《こえ》かけのルールをつくっておくことで、野手同士《やしゅどうし》の衝突《しょうとつ》やお見合《みあ》いを防《ふせ》ぐことができる。

ライト
センター

3 センターは、ライトが確実《かくじつ》に捕球《ほきゅう》するのを確認《かくにん》し、万《まん》が一《いち》後《うし》ろにそれた場合《ばあい》には打球《だきゅう》を追《お》う。

よくない例《れい》

声《こえ》かけを適切《てきせつ》に行《おこな》わないとお見合《みあ》い（ゆずり合《あ》ってしまい捕球《ほきゅう》できないこと）や、衝突《しょうとつ》といった事故《じこ》につながってしまうよ。

ふだんの練習《れんしゅう》から声《こえ》かけを心《こころ》がけよう！

オーライ!
ライト
ライト!
センター
ライト

1 ライト方向《ほうこう》に飛《と》んできたボールに、ライトが「オーライ！」と声《こえ》を出《だ》す。余裕《よゆう》があれば両手《りょうて》を広《ひろ》げるなど動作《どうさ》でも示《しめ》すとよい。

2 センターは、ライトが捕球《ほきゅう》をミスした場合《ばあい》に備《そな》えてライトの後《うし》ろに回《まわ》る。「ライト！（任《まか》せた！）」など声《こえ》を出《だ》すとよい。

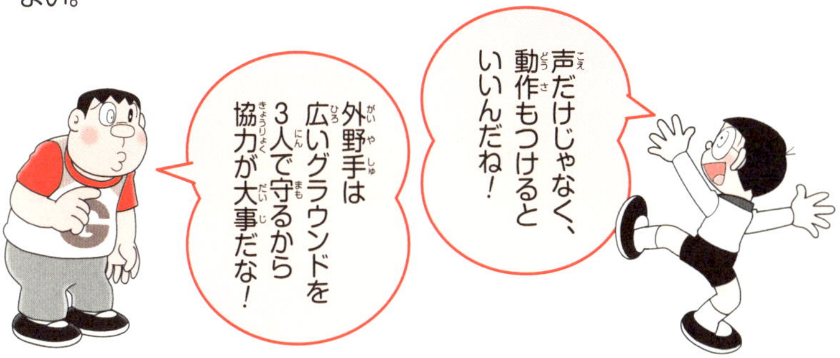
声《こえ》だけじゃなく、動《どう》作《さ》もつけるといいんだね！
外《がい》野《や》手《しゅ》は広《ひろ》いグラウンドを3人《にん》で守《まも》るから協力《きょうりょく》が大事《だいじ》だな！

協力《きょうりょく》プレー　ダブルプレー

ひとつのプレーで２つのアウトをとることを「ダブルプレー」というよ。「ゲッツー」「併殺《へいさつ》」とも呼《よ》ばれ、試合《しあい》の流《なが》れを変《か》える大《おお》きなプレーになることもあるよ！

ダブルプレーの例《れい》①

「フォースダブルプレー」ともいわれるプレー。「フォース」とは、ベース上《じょう》にいるランナーに進塁《しんるい》義務《ぎむ》があり、タッチしなくてもアウトにできる状《じょう》態《たい》のこと。この状態《じょうたい》のときに２つのアウトをとる例《れい》だよ。

6—4—3のダブルプレー

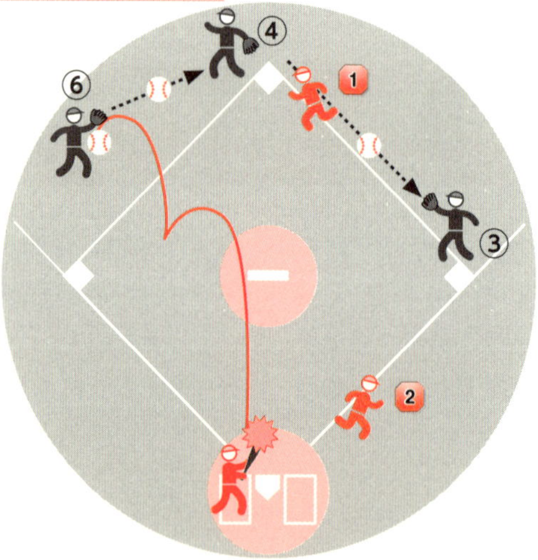

1 バッターが打《う》ったゴロを6番《ばん》（ショート）が捕球《ほきゅう》し、4番《ばん》（セカンド）に送球《そうきゅう》。4番《ばん》が二塁《にるい》をふみ、ランナーをアウトにする（ひとつめのアウト）。

2 直後《ちょくご》に4番《ばん》（セカンド）は一塁《いちるい》に送球《そうきゅう》。3番《ばん》（ファースト）が捕球《ほきゅう》し、バッターランナーが一塁《いちるい》につく前《まえ》にアウトにする（2つめのアウト）。

6番《ばん》とか4番《ばん》とか、何《なん》の番号《ばんごう》だっけ？
ポジションの番号《ばんごう》だよ。31ページを確認《かくにん》しよう！

ダブルプレーの例《れい》②

ひとつめのアウトをフォースアウトでとった後《あと》に、そのプレーによってフォースの状態《じょうたい》から解放《かいほう》されたランナーをタッチアウトにするプレー。「リバースフォースダブルプレー」ともいう。

3—3－6のダブルプレー

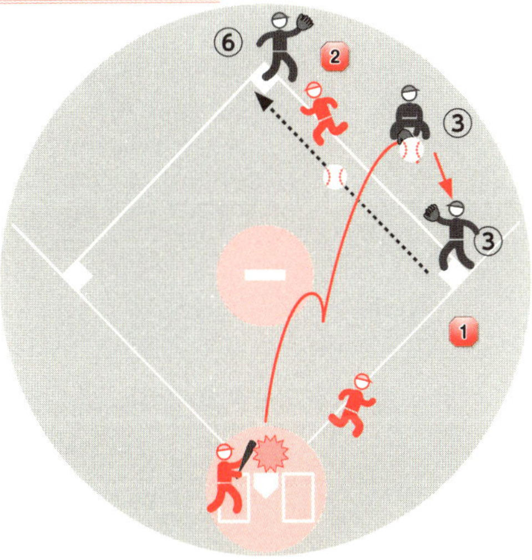

⑥
2
③
③
1

1 バッターの打《う》ったゴロを3番《ばん》（ファースト）が捕球《ほきゅう》。3番《ばん》がそのまま一塁《いちるい》をふみ、バッターランナーをフォースアウトにする（ひとつめのアウト）。

2 直後《ちょくご》に3番《ばん》（ファースト）は二塁《にるい》に送球《そうきゅう》し、6番《ばん》（ショート）が捕球《ほきゅう》して二塁《にるい》につく前《まえ》のランナーをタッチアウトにする（2つめのアウト）。

協力《きょうりょく》プレー　ヒットエンドラン

ピッチャーが投球《とうきゅう》したと同時《どうじ》にランナーがスタートし、バッターがゴロを打《う》つことによってランナーをひとつ先《さき》まで進塁《しんるい》させる戦術《せんじゅつ》。主《おも》にランナーが一塁《いちるい》にいるときに使《つか》われるよ。打球《だきゅう》がゴロだったら、ランナーがすでに走《はし》っているためダブルプレーを防《ふせ》ぐことができ、ヒットだったらランナーが一気《いっき》に三塁《さんるい》まで進塁《しんるい》できるチャンスが生《う》まれるんだ。

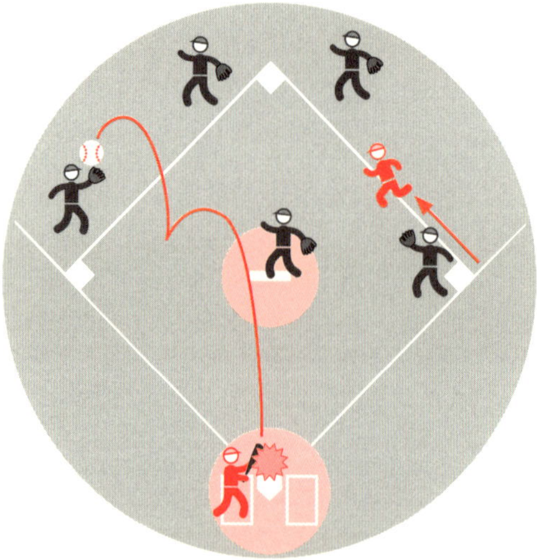

バッターが空振《からぶ》りしたり、フライを打《う》ったりするとダブルプレーになっちゃうおそれがあるわね。

ゴロを打《う》つコツ

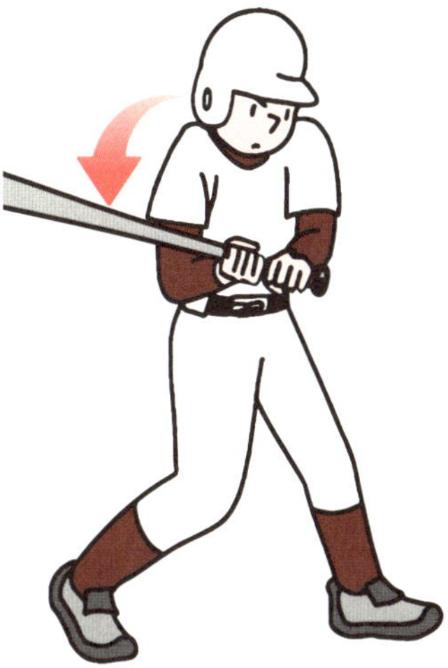

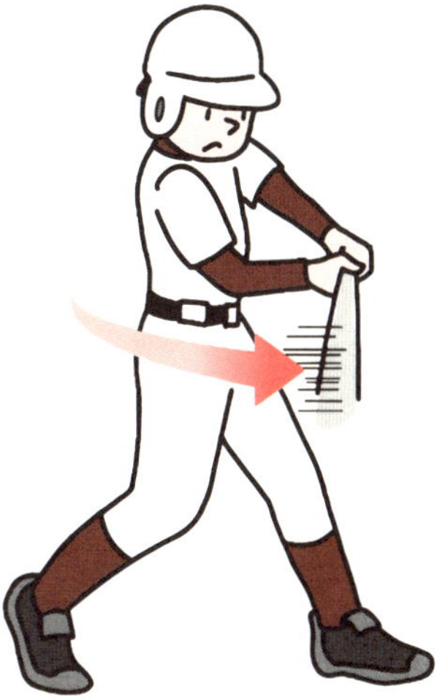

1 ボールを引《ひ》きつけ、グリップを顔《かお》の横《よこ》から振《ふ》り下《お》ろす。

2 ダウンスイングで打《う》つ。

ボールを地面《じめん》にたたきつけるような気《き》持《も》ちでスイングしよう。

協力《きょうりょく》プレー　代打《だいだ》

打順《だじゅん》が回《まわ》ってきた選手《せんしゅ》の代《か》わりに打席《だせき》に入《はい》ること。「ピンチヒッター」ともいうよ。「代打《だいだ》の神様《かみさま》」や「代打《だいだ》の切《き》り札《ふだ》」といった言葉《ことば》があるように、試合《しあい》の“ここぞ！”という場面《ばめん》で起用《きよう》されることが多《おお》いんだ。

代打《だいだ》のルール

- 控《ひか》えの選手《せんしゅ》がいれば代打《だいだ》を出《だ》せるが、交代《こうたい》した選手《せんしゅ》は再出場《さいしゅつじょう》できない。
- 代打《だいだ》は交代《こうたい》した選手《せんしゅ》の打順《だじゅん》や守備位置《しゅびいち》を引《ひ》き継《つ》ぐが、ポジションを変更《へんこう》したり、ほかの選手《せんしゅ》に交代《こうたい》したりすることもできる。

代打《だいだ》を起用《きよう》する理由《りゆう》

例《れい》①
得点《とくてん》チャンスを生《い》かすため

得点《とくてん》できるチャンスで、「よりヒットを打《う》つ確率《かくりつ》の高《たか》いバッターを送《おく》る」ことで、勝利《しょうり》につなげるんだ。また、投手《とうしゅ》に打席《だせき》が回《まわ》ってきたときに打撃力《だげきりょく》のある代打《だいだ》を起用《きよう》することもあるよ。

例《れい》②
送《おく》りバントをさせたいとき

バントが得意《とくい》なバッターを起用《きよう》すれば、すでに塁《るい》に出《で》ているランナーを進塁《しんるい》させることができる可能性《かのうせい》が高《たか》まるよ。また、けがをした選手《せんしゅ》や調子《ちょうし》が悪《わる》い選手《せんしゅ》に代打《だいだ》を起用《きよう》するケースもある。

塁《るい》に出《で》ているランナーに代《か》わって出場《しゅつじょう》すること。「ピンチランナー」ともいうよ。「守備《しゅび》やバッティングは苦手《にがて》だけど走《はし》るのは得意《とくい》！」という選手《せんしゅ》が活《かつ》躍《やく》できる役割《やくわり》だよ。

代走《だいそう》のルール

- ●控《ひか》えの選手《せんしゅ》がいれば代走《だいそう》を出《だ》せるが、交代《こうたい》した選手《せんしゅ》は再出場《さいしゅつじょう》できない。
- ●代走《だいそう》は交代《こうたい》した選手《せんしゅ》の打順《だじゅん》や守備位置《しゅびいち》を引《ひ》き継《つ》ぐが、ポジションを変更《へんこう》したり、ほかの選手《せんしゅ》に交代《こうたい》したりすることもできる。

代走《だいそう》を起用《きよう》する場面《ばめん》

例《れい》①
盗塁《とうるい》をねらいたいとき

ヒットなどでランナーが一塁《いちるい》に出《で》た場合《ばあい》、盗塁《とうるい》でランナーをスコアリングポジション（くわしくは 181 ページ）に進《すす》めることをねらって代走《だいそう》を起用《きよう》することがあるよ。

例《れい》②
1本《ぽん》のヒットで得点《とくてん》をねらうとき

走者《そうしゃ》が二塁《にるい》にいる場合《ばあい》、足《あし》の遅《おそ》いランナーだとシングルヒットで本塁《ほんるい》まで帰《かえ》って来《こ》られない場《ば》合《あい》がある。こうしたケースで二《に》塁走者《るいそうしゃ》に代走《だいそう》を出《だ》すことがある。

どのタイミングで起用《きよう》するかが勝敗《しょうはい》のかぎを握《にぎ》るんだ。

スポーツマンシップを大事《だいじ》にしよう！

スポーツマンシップは競技《きょうぎ》を行《おこな》ううえでの大事《だいじ》な心構《こころがま》え

心構《こころがま》え①
楽《たの》しむ姿勢《しせい》

勝《か》ち負《ま》けも大事《だいじ》だけど、それ以上《いじょう》に「試合《しあい》を楽《たの》しむ」ことを重視《じゅうし》しよう。

心構《こころがま》え②
全員《ぜんいん》が協力《きょうりょく》する

競《きそ》う相手《あいて》は、ともに試合《しあい》をつくりあげる「仲間《なかま》」。みんなで協力《きょうりょく》して試合《しあい》を行《おこな》おう。

心構《こころがま》え③
ルールを守《まも》ろう

審判《しんぱん》の指示《しじ》にしっかり従《したが》い、試合《しあい》に参加《さんか》する全員《ぜんいん》がルールをきちんと守《まも》ろう。

心構《こころがま》え④
勝利《しょうり》のために全力《ぜんりょく》をつくそう

相手《あいて》に勝《か》つことはもちろん、自分《じぶん》のベストを出《だ》す（過去《かこ》の自分《じぶん》に勝《か》つ）ことも立派《りっぱ》な目《もく》標《ひょう》だよ。

試合《しあい》をするうえで、いちばん大切《たいせつ》にしたい精神《せいしん》だね。
スポーツだけじゃなく、ふだんの生活《せいかつ》でも心《こころ》がけたいわ。

スポーツマンシップをつくるもの

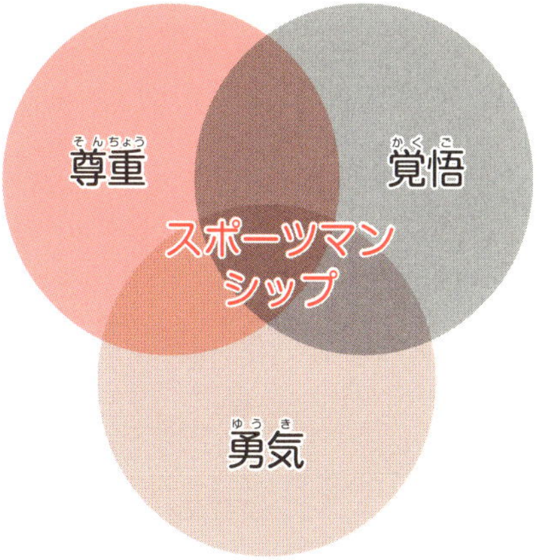
尊重《そんちょう》
覚悟《かくご》
スポーツマンシップ
勇気《ゆうき》

スポーツマンシップは、主《おも》に3つの能力《のうりょく》によってつくられるよ。ひとつめが「尊重《そんちょう》」。チームメイト、試合相手《しあいあいて》、審判《しんぱん》など、それぞれの立場《たちば》の人《ひと》を尊重《そんちょう》する態度《たいど》を養《やしな》おう。2つめに「覚悟《かくご》」。試合中《しあいちゅう》に、どんな苦境《くきょう》に立《た》たされても途中《とちゅう》であきらめたり、投《な》げ出《だ》したりせず最後《さいご》まで勝利《しょうり》をめざす覚悟《かくご》をもとう。そして、3つめに「勇気《ゆうき》」。試合《しあい》で勝利《しょうり》するためには、どんなに強《つよ》い相手《あいて》でも勇気《ゆうき》をもっていどむことが大事《だいじ》。挑戦《ちょうせん》する勇気《ゆうき》を忘《わす》れないようにしよう。

相手《あいて》を尊重《そんちょう》することを「リスペクト」ともいうんだよ。
おれのこともリスペクトしてくれよな！

第《だい》5章《しょう》　いざ、試合《しあい》本番《ほんばん》!

いよいよ始《はじ》まるぜ「ちびっ子《こ》野球大会《やきゅうたいかい》」!
ザワ
ちゃんとプレーができるかドキドキするよ。
ザワ
ザワ
ザワ
ドラちゃんがユニフォームを着《き》てる!
ワー
へへ…ぼくは監督《かんとく》としてベンチに入《はい》るよ。
それは心強《こころづよ》いな。
みんなにも背番号《せばんごう》入《い》りのユニフォームをつくったからわたすね。

ジャイアンから出木杉《できすぎ》くんをキャプテンにと指示《しじ》があったのでよろしくね。
頼《たの》むぜ出木杉《できすぎ》！
わかった。
よう剛田《ごうだ》、間《ま》に合《あ》わせの弱小《じゃくしょう》チームで大会《たいかい》に出《で》るとはいい度胸《どきょう》だな。
新《しん》チームのすごさをすぐにわからせてやるよ。
フン
ガ
わかったところでたかが知《し》れてる。
コールドゲームで負《ま》けないことを祈《いの》ってるぜ！
コールドゲーム？
得点差《とくてんさ》がついたときに球審《きゅうしん》からゲーム終了《しゅうりょう》を言《い》いわたされる試合《しあい》のことだよ。

・試合《しあい》ルール

学童野球《がくどうやきゅう》の試合《しあい》ルールはこうなっているよ。

試合時間《しあいじかん》…１時間《じかん》30分《ぷん》

延長戦《えんちょうせん》は２回まで。同点《どうてん》の場合《ばあい》は抽選《ちゅうせん》で勝敗《しょうはい》が決《き》まる。

学童野球《がくどうやきゅう》では「６回《かい》」で終了《しゅうりょう》

	1	2	3	4	5	6	7	8

得点差《とくてんさ》による
コールドゲーム…

３回終了時点《かいしゅうりょうじてん》…
得点差《とくてんさ》10点《てん》

５回終了時点《かいしゅうりょうじてん》…
得点差《とくてんさ》７点《てん》

自然災害《しぜんさいがい》、球場《きゅうじょう》の諸事情《しょじじょう》により試合《しあい》の続行《ぞっこう》が難《むずか》しい場合《ばあい》は、審判《しんぱん》の権限《けんげん》で試合終了《しあいしゅうりょう》となる。

ピッチャーの投球《とうきゅう》は１人《ひとり》70球《きゅう》まで。

変化球《へんかきゅう》は投《な》げられない。
投《な》げた場合《ばあい》はストライクでも
ボールとなる。
以降《いこう》にまた投《な》げた場合《ばあい》は
交代《こうたい》を命《めい》じられ、その試合《しあい》では
投《な》げられない。

・サインの種類《しゅるい》

フラッシュサイン
帽子《ぼうし》にふれたり、腕組《うでぐ》みの動作《どうさ》をしたりして指示《しじ》を出《だ》す。
わかりやすいが相手《あいて》チームにもばれやすい。

ブロックサイン
複数《ふくすう》の動作《どうさ》を組《く》み合《あ》わせたサインで、キーとなる場所《ばしょ》を決《き》めておき、そのあとさわった場所《ばしょ》が実行《じっこう》するサインという出《だ》し方《かた》。相手《あいて》にもばれにくい。

ジャイアンズはサインを決《き》めてないけど…決《き》めたほうがいいかな？

・背番号《せばんごう》

30番《ばん》…監督《かんとく》
コーチ…28番《ばん》、29番《ばん》
選手《せんしゅ》…0～99番《ばん》
キャプテン…10番《ばん》

ジャイアンズは守備番号《しゅびばんごう》を背番号《せばんごう》にしたよ。

・ユニフォーム

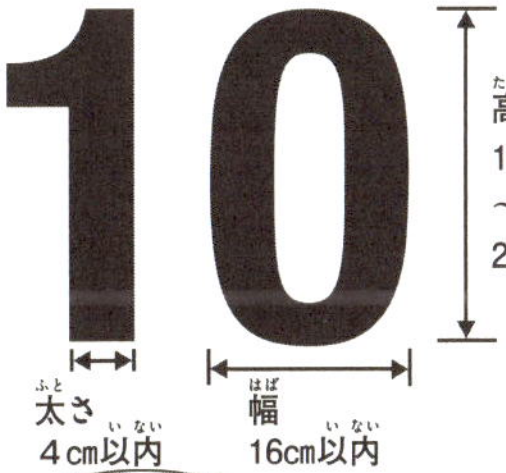

10
高《たか》さ
15.2㎝
～
21㎝
太《ふと》さ
4㎝以内《いない》
幅《はば》
16㎝以内《いない》

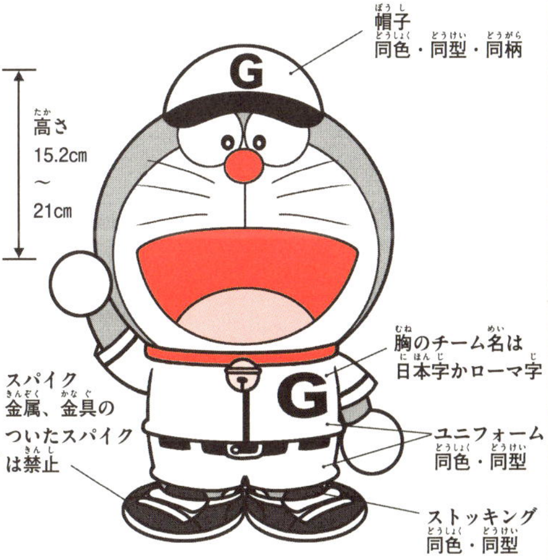

帽子《ぼうし》
同色《どうしょく》・同型《どうけい》・同柄《どうがら》
胸《むね》のチーム名《めい》は
日本字《にほんじ》かローマ字《じ》
ユニフォーム
同色《どうしょく》・同型《どうけい》
スパイク
金属《きんぞく》、金具《かなぐ》のついたスパイクは禁止《きんし》
ストッキング
同色《どうしょく》・同型《どうけい》

さあ、ユニフォームに着《き》替《が》えたし全力《ぜんりょく》で試合《しあい》にいどむぞ！

1回戦《かいせん》
ジャイアンの力投《りきとう》が光《ひか》った1回戦《かいせん》だ！
ショーが4安打《あんだ》の猛打賞《もうだしょう》で活躍《かつやく》。
ジャイアンズ 5-1 キッズキッズ
3つのフォアボールで出塁《しゅつるい》したジャイ子《こ》。それがすべて得点《とくてん》にからむ大活躍《だいかつやく》。

2回戦《かいせん》
先発《せんぱつ》セカが、相手《あいて》チームをヒット1本《ぽん》におさえる好投《こうとう》で勝利《しょうり》。
スネ夫《お》、3安打《あんだ》。
ジャイアンズ 6-1 ユートピア
スネツグも3安打《あんだ》で兄弟《きょうだい》で猛打賞《もうだしょう》。

準決勝《じゅんけっしょう》
強敵《きょうてき》だったがショーが快投《かいとう》！
ジャイアンズ 3-1 ブラックホール
しずか、ボテボテのゴロ3本《ぼん》を処理《しょり》してアウトをとる。
のび太《た》、ライト前《まえ》ヒットのボールを後《うし》ろにのがさないようにふんばる。

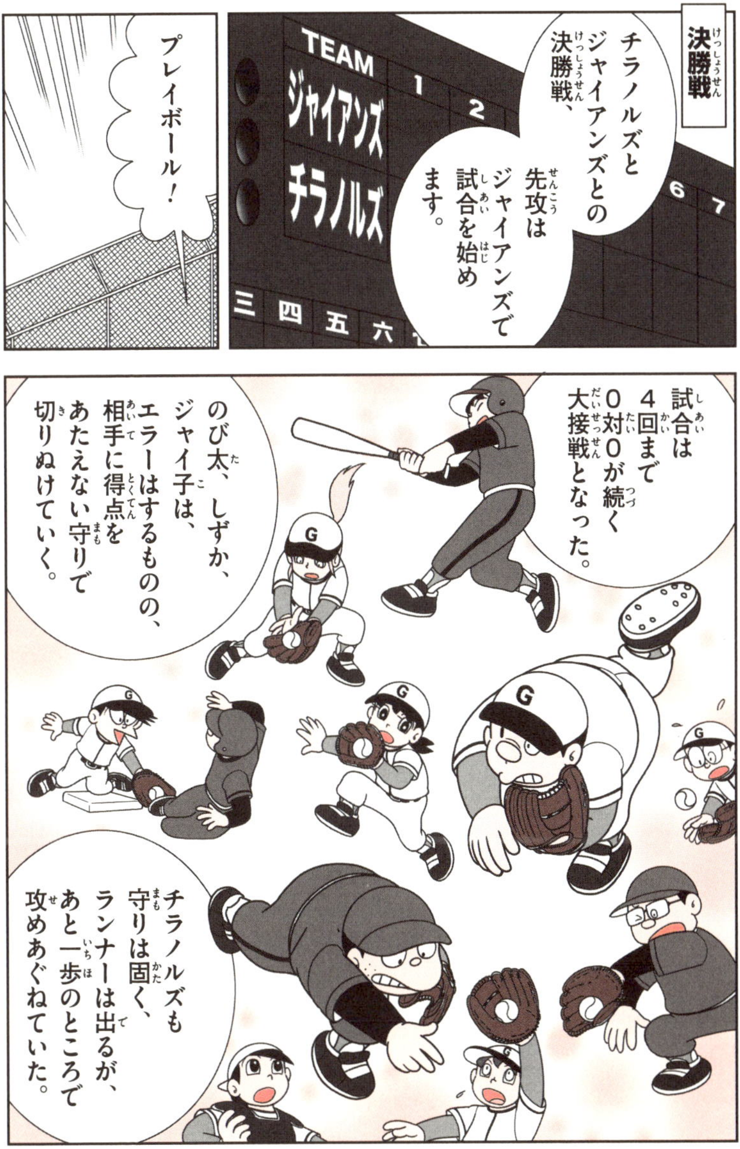
決勝戦《けっしょうせん》
チラノルズとジャイアンズとの決勝戦《けっしょうせん》、
先攻《せんこう》はジャイアンズで試合《しあい》を始《はじ》めます。
TEAM
ジャイアンズ
チラノルズ
プレイボール！
試合《しあい》は4回《かい》まで0対《たい》0が続《つづ》く大接戦《だいせっせん》となった。
のび太《た》、しずか、ジャイ子《こ》は、エラーはするものの、相手《あいて》に得点《とくてん》をあたえない守《まも》りで切《き》りぬけていく。
チラノルズも守《まも》りは固《かた》く、ランナーは出《で》るが、あと一歩《いちほ》のところで攻《せ》めあぐねていた。

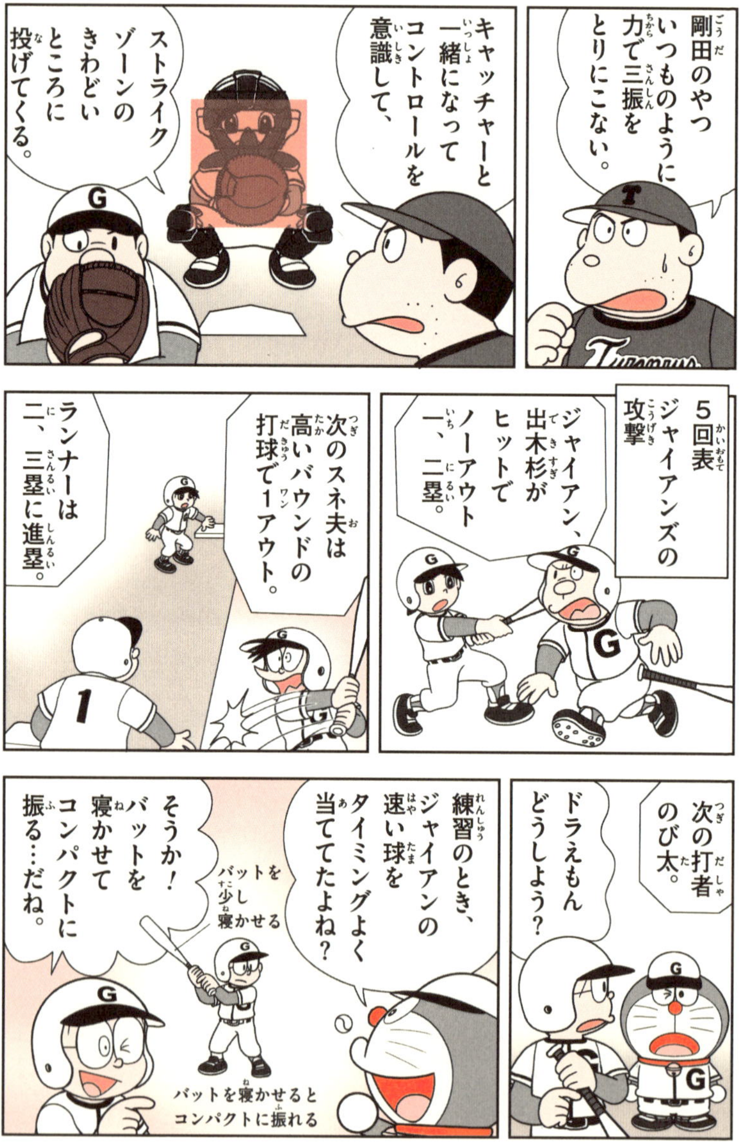
剛田《ごうだ》のやついつものように力《ちから》で三振《さんしん》をとりにこない。
キャッチャーと一緒《いっしょ》になってコントロールを意識《いしき》して、
ストライクゾーンのきわどいところに投《な》げてくる。
5回表《かいおもて》ジャイアンズの攻撃《こうげき》
ジャイアン、出木杉《できすぎ》がヒットでノーアウト一《いち》、二塁《にるい》。
次《つぎ》のスネ夫《お》は高《たか》いバウンドの打球《だきゅう》で1《ワン》アウト。
ランナーは二《に》、三塁《さんるい》に進塁《しんるい》。
次《つぎ》の打者《だしゃ》のび太《た》。
ドラえもんどうしよう？
練習《れんしゅう》のとき、ジャイアンの速《はや》い球《たま》をタイミングよく当《あ》ててたよね？
そうか！バットを寝《ね》かせてコンパクトに振《ふ》る…だね。
バットを少《すこ》し寝《ね》かせる
バットを寝《ね》かせるとコンパクトに振《ふ》れる

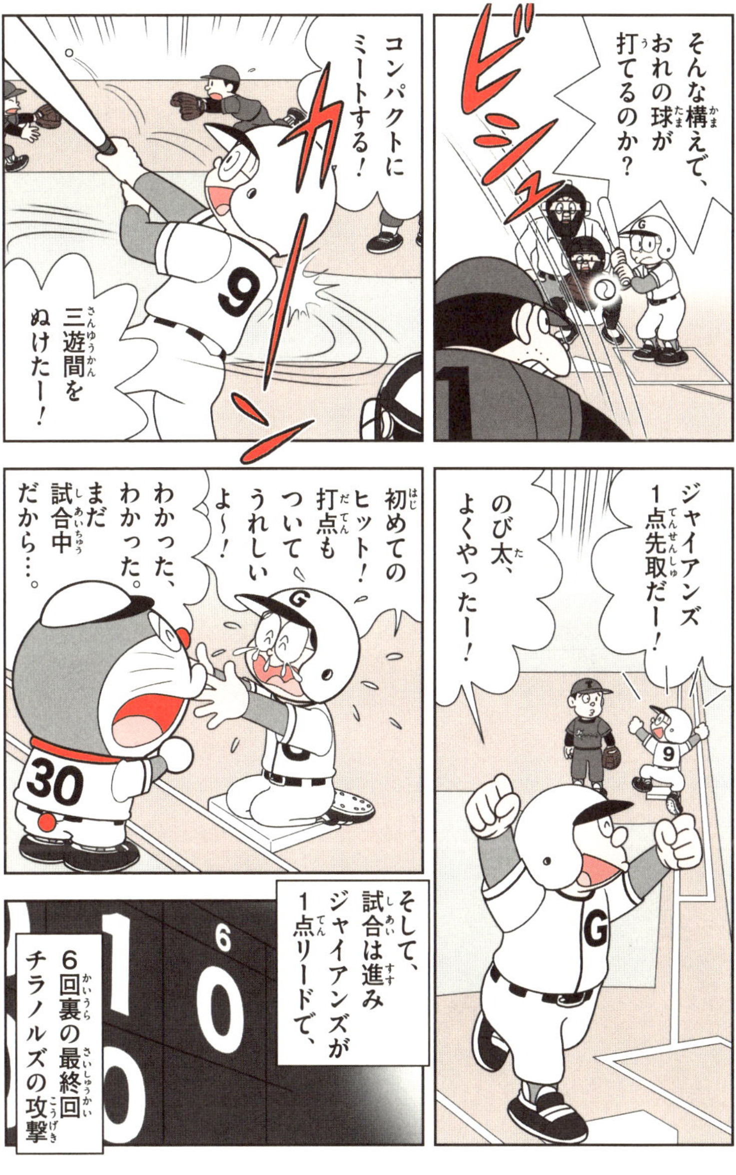

そんな構《かま》えで、おれの球《たま》が打《う》てるのか？
ビシュ
カーン
コンパクトにミートする！
三遊間《さんゆうかん》をぬけたー！
ジャイアンズ1点《てん》先取《せんしゅ》だー！
のび太《た》、よくやったー！
初《はじ》めてのヒット！打点《だてん》もついてうれしいよ～！
わかった、わかった。まだ試合中《しあいちゅう》だから…。
そして、試合《しあい》は進《すす》みジャイアンズが1点《てん》リードで、
6回裏《かいうら》の最終回《さいしゅうかい》チラノルズの攻撃《こうげき》

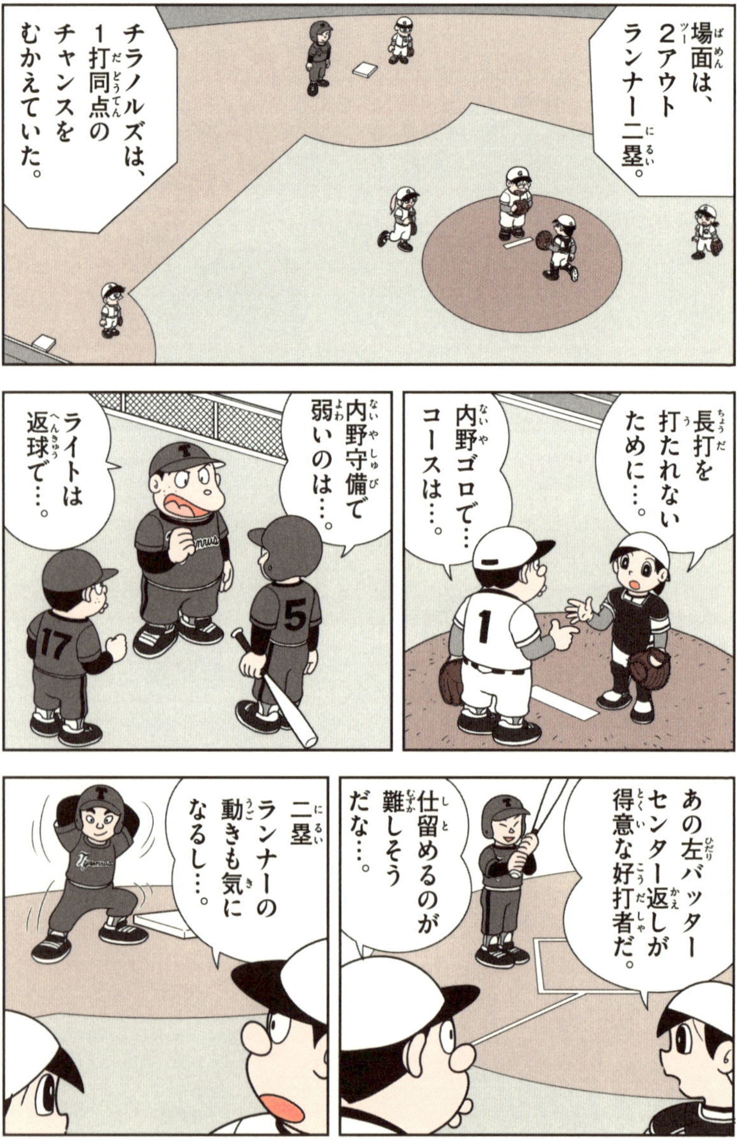
場面《ばめん》は、2《ツー》アウトランナー二塁《にるい》。
チラノルズは、1打同点《だどうてん》のチャンスをむかえていた。
長打《ちょうだ》を打《う》たれないために…。
内野《ないや》ゴロで…。
内野守備《ないやしゅび》で弱《よわ》いのは…。
ライトは返球《へんきゅう》で…。
あの左《ひだり》バッターセンター返《かえ》しが得意《とくい》な好打者《こうだしゃ》だ。
仕留《しと》めるのが難《むずか》しそうだな…。
二塁《にるい》ランナーの動《うご》きも気《き》になるし…。

武《たけし》くん、まずは外角《がいかく》の低《ひく》めで様子《ようす》をみよう。
わかった。
ビシュ
しまった！真《ま》ん中《なか》に…！
ダッ
ランナーが走《はし》った！
ヒットエンドランだ！
カーン
一《いち》、二塁間《にるいかん》をぬかれた！
のび太《た》ー！

のび太《た》くん、ダッシュをしながら捕球《ほきゅう》だ！
わかった！
中継《ちゅうけい》プレーに入《はい》ってー！
セカンド。
ファーストしずちゃん。
一直線上《いちちょくせんじょう》に中継《ちゅうけい》に入《はい》って！
ランナーが三塁《さんるい》を回《まわ》ったー！
同点《どうてん》にして、さらにサヨナラ勝《が》ちだー！

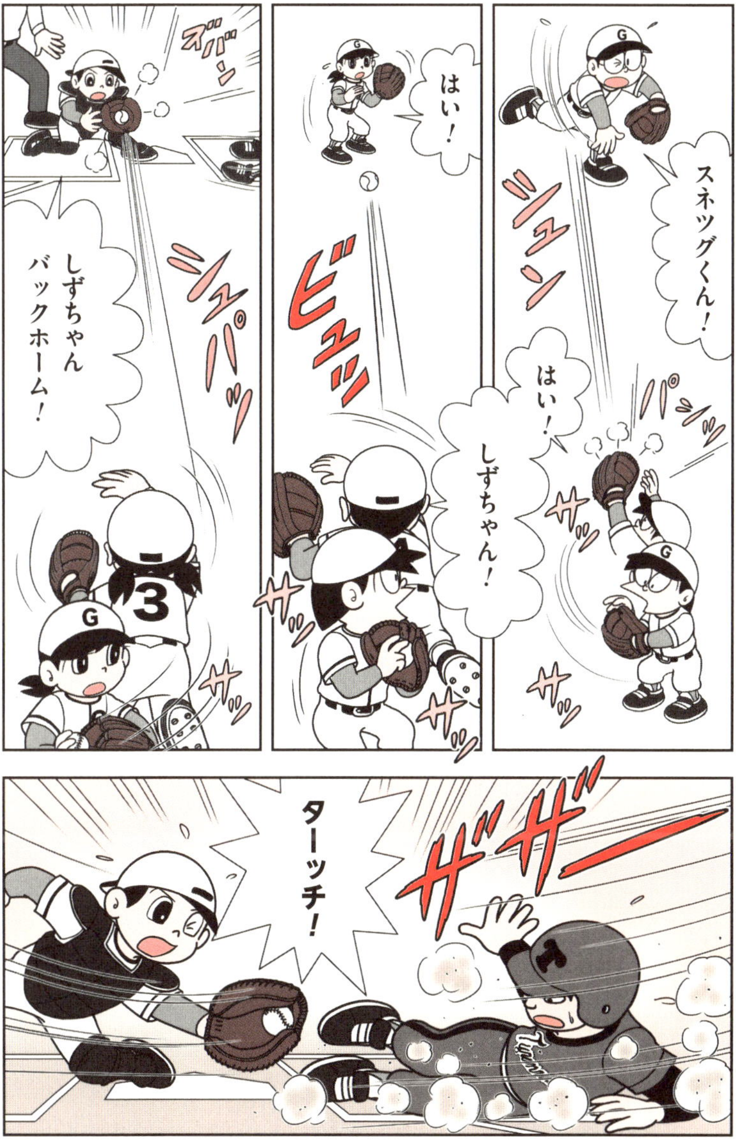
スネッグくん！
シュン
はい！
パシッ
サッ
サッ
しずちゃん！
はい！
ビュッ
サッ
サッ
ズバン
しずちゃんバックホーム！
シュパッ
サッ
ターッチ！
ザザー

試合《しあい》の準備《じゅんび》をしよう！

ベンチに入《はい》る人数《にんすう》

選手《せんしゅ》 10名以上《めいいじょう》25名以内《めいいない》がチームメンバーとなる。そのうちの9人《にん》（DH制《ディーエイチせい》のときは10人《にん》）が、試合《しあい》の初《はじ》めから出場《しゅつじょう》するメンバーだ。途中《とちゅう》でほかのメンバーと交代《こうたい》することもあるよ。

その他《た》 監督《かんとく》とコーチのほか、マネージャー、スコアラーなどを各《かく》1名入《めいい》れることができる。スコアラーとは、試合《しあい》での得点《とくてん》や経過《けいか》を記録《きろく》する人《ひと》のこと。

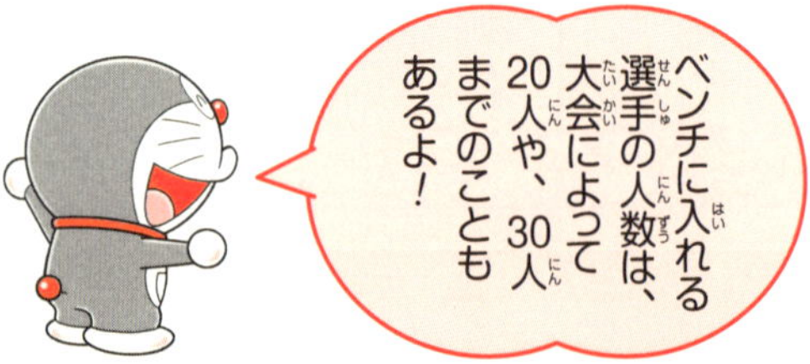
ベンチに入《はい》れる選手《せんしゅ》の人数《にんずう》は、大会《たいかい》によって20人《にん》や、30人《にん》までのこともあるよ！

道具《どうぐ》の確認《かくにん》

自分《じぶん》のユニフォーム、帽子《ぼうし》、バット、グローブ、スパイクなどの道具《どうぐ》を忘《わす》れずにもっていこう。また、特《とく》に夏《なつ》は熱中症対策《ねっちゅうしょうたいさく》のために大《おお》きめの水筒《すいとう》をもっていこう。チームで飲《の》み物《もの》が準備《じゅんび》されることがほとんどだけれど、自分《じぶん》でももっておくと安心《あんしん》だ。

試合前《しあいまえ》に士気《しき》をあげよう

オオーッ!
絶対《ぜったい》
勝《か》つぞ!

試合前《しあいまえ》にはぜひチームの仲間《なかま》と円陣《えんじん》を組《く》もう。キャプテンや立候補者《りっこうほしゃ》が声《こえ》かけをして、みんなで思《おも》い切《き》り声《こえ》を出《だ》すんだ。緊張《きんちょう》や不安《ふあん》がやわらぎ、チームの一体感《いったいかん》が増《ま》すよ。

負《ま》けていて追《お》いつきたいとき、攻撃前《こうげきまえ》に円陣《えんじん》を組《く》むと、気持《きも》ちが切《き》り替《か》わるかも…。
そうだね。プロ野球《やきゅう》のチームもよくやっているよ。

審判《しんぱん》のジェスチャーとコール

試合《しあい》の審判《しんぱん》には、球審《きゅうしん》と塁審《るいしん》がいるよ。球審《きゅうしん》はキャッチャーの後《うし》ろに立《た》って、ストライクとボールの判定《はんてい》や、試合《しあい》の進行《しんこう》にかかわる宣告《せんこく》などをするんだ。塁審《るいしん》は、それぞれ一塁《いちるい》、二塁《にるい》、三塁《さんるい》の近《ちか》くで、その周《まわ》りや外野《がいや》のプレーの判定《はんてい》をするよ。

ストライク

右手《みぎて》のこぶしを顔《かお》の横《よこ》にあげる。見逃《みのが》しストライクのときは「ストライク」というよ。空振《からぶ》りのときはジェスチャーのみ。

ボール

キャッチャーの後《うし》ろで構《かま》えたまま、「ボール」というよ。

ヒット・バイ・ピッチ（デッドボール）※

打者にボールを当ててしまったとき、審判はまず両手を上げて「ボールデッド」を宣告する。ボールが当たったところがわかりにくい場合にのみ、その部位をおさえながら「ヒット・バイ・ピッチ」というよ。

※「デッドボール」は和製英語。正しくは「ヒット・バイ・ピッチ」というんだ。

ファウル／タイム

両手《りょうて》をあげて、「ファウル」もしくは「タイム」というよ。「タイム」がかかったら、動作《どうさ》をいったん止《と》めようね。

フェア

白線《はくせん》をまたいで、フェアゾーンを指《さ》し示《しめ》す。声《こえ》は出《だ》さないから注意《ちゅうい》しよう。

アウト

右手《みぎて》のこぶしを顔《かお》の横《よこ》にあげ、「アウト」というよ。

セーフ

肩《かた》の高《たか》さで両腕《りょううで》を広《ひろ》げ、「セーフ」というよ。

守備中《しゅびちゅう》に確認《かくにん》すること

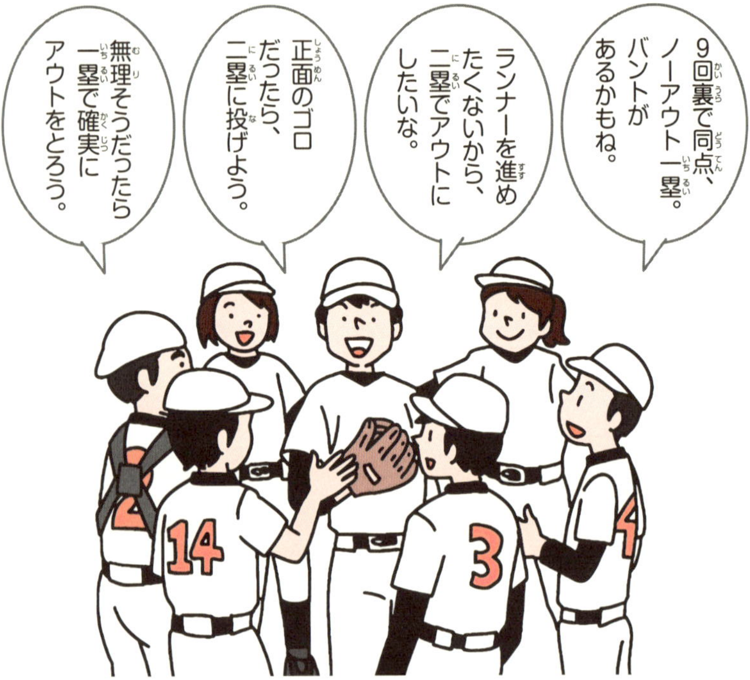
9回《かい》裏《うら》で同点《どうてん》、ノーアウト一塁《いちるい》。バントがあるかもね。
ランナーを進《すす》めたくないから、二塁《にるい》でアウトにしたいな。
正面《しょうめん》のゴロだったら、二塁《にるい》に投《な》げよう。
無理《むり》そうだったら一塁《いちるい》で確実《かくじつ》にアウトをとろう。

守備中《しゅびちゅう》にタイムをとって、メンバーと状況確認《じょうきょうかくにん》をすることができるよ。相手《あいて》チームとの点差《てんさ》や、あと何回残《なんかいのこ》っているか、ランナーは何塁《なんるい》にいるか、次《つぎ》の打者《だしゃ》はどんな球《たま》が得意《とくい》かなどを確認《かくにん》し、各々《おのおの》がどのように動《うご》けばよいか整理《せいり》するんだ。

守備《しゅび》のタイムは、1試合《しあい》につき3回《かい》までのことが多《おお》いぞ。
ベンチにいる選手《せんしゅ》が、監督《かんとく》の指示《しじ》を伝《つた》えに来《き》てくれることもあるんだ。

守備《しゅび》のフォーメーションの工夫《くふう》

バントをすばやく処理《しょり》する

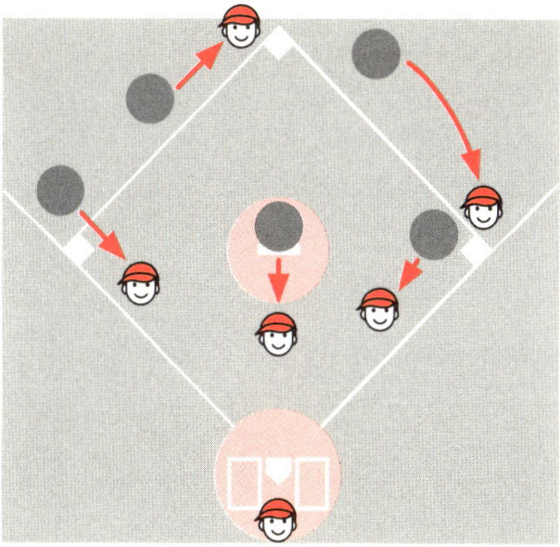

例《れい》 ノーアウト一塁《いちるい》で打者《だしゃ》がバントの構《かま》えを見《み》せたとき

内野手《ないやしゅ》は守備《しゅび》の定位置《ていいち》より前《まえ》に出《で》て、バント処理《しょり》に備《そな》えるのも作戦《さくせん》のひとつ。ピッチャーが投《な》げるのと同時《どうじ》に、ファースト、サードがホームに向《む》かってダッシュするよ。ピッチャーも、投《な》げ終《お》わったらダッシュ。このとき、セカンドは一塁《いちるい》、ショートは二塁《にるい》をカバーしよう。

バックホーム※に備《そな》える

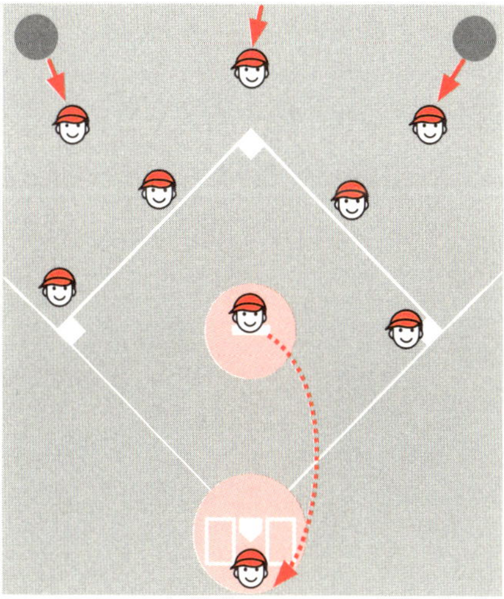

例《れい》 点《てん》をあたえたくない状況《じょうきょう》で、2アウト二塁《にるい》のとき

外野手《がいやしゅ》は定位置《ていいち》より前《まえ》に出《で》て、バックホームでアウトにできるように備《そな》えるよ。実際《じっさい》に外野手《がいやしゅ》が捕《と》ってバックホームする場合《ばあい》は、ピッチャーはキャッチャーの後《うし》ろに回《まわ》り、それたボールを捕《と》れるようにしよう。

※バックホーム…ランナーが本塁《ほんるい》に帰《かえ》って得点《とくてん》するのを防《ふせ》ぐために、守備《しゅび》側《がわ》が本塁《ほんるい》に返球《へんきゅう》すること。

ボールカウント別《べつ》の心構《こころがま》え

基《き》本《ほん》的《てき》に、ストライクゾーンに来《き》たら思《おも》い切《き》ってスイングする、でOK《オーケー》。

ただ、ボールカウントによって考《かんが》え方《かた》をちょっと変《か》えてみてもいいかもね。

打者有利《だしゃゆうり》のカウント

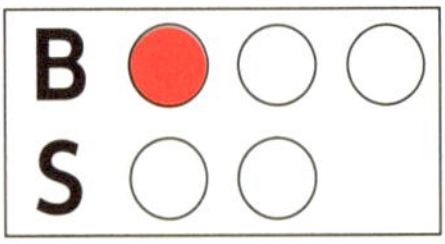

1《ワン》ボール0《ノー》ストライク

ストライクをとりにきたらスイングしよう。きわどい球《たま》であれば見逃《みのが》してもOK《オーケー》。

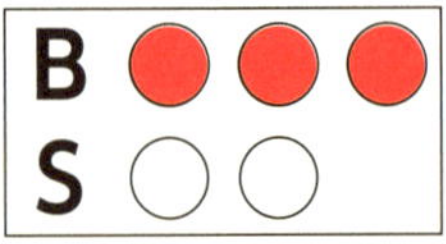

3《スリー》ボール0《ノー》ストライク

ピッチャーはとにかくストライクに入《い》れたいため、あまい球《たま》が来《き》やすい。得意《とくい》な球以外《たまいがい》は見逃《みのが》してもOK《オーケー》。

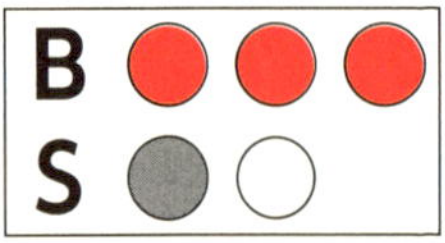

3《スリー》ボール1《ワン》ストライク

ねらったところに来《き》たら思《おも》い切《き》りスイングしよう。

ピッチャー有利《ゆうり》のカウント

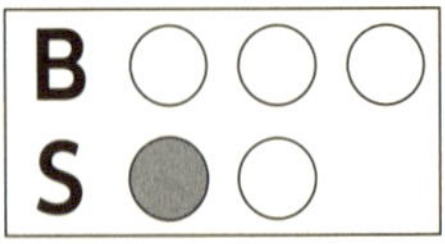

0《ノー》ボール1《ワン》ストライク

ピッチャーはボール球《たま》を振《ふ》らせようとしてくる。ボール球《だま》はしっかり見逃《みのが》そう。

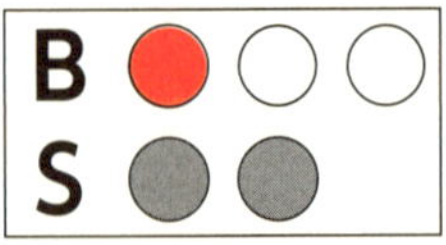

1《ワン》ボール2《ツー》ストライク

ピッチャーは得意《とくい》な球《たま》を投《な》げてくる可能性《かのうせい》が高《たか》い。ストライクに来《き》たら思《おも》い切《き》ってスイング。

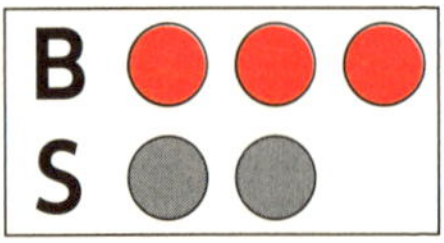

3《スリー》ボール2《ツー》ストライク

きわどいコースに球《たま》が来《く》る場合《ばあい》もあるため、ストライクゾーンを少《すこ》し広《ひろ》げよう。

ランナーコーチの役割《やくわり》

ランナーコーチは、一塁《いちるい》と三塁《さんるい》の近《ちか》くに立《た》って、味方《みかた》のランナーに、進《すす》むのかとどまるのかなどを指示《しじ》するよ。
控《ひか》えの選手《せんしゅ》がやることもあるのね。重要《じゅうよう》な役割《やくわり》だわ。

一塁《いちるい》ランナーコーチ

ゴーゴー！

打者《だしゃ》が長打《ちょうだ》を打《う》ったとき、二塁《にるい》まで進《すす》めそうと判断《はんだん》したら、腕《うで》を大《おお》きく回《まわ》そう。進《すす》めなさそうであれば、ストップさせるよ。また、一塁《いちるい》ランナーがけん制《せい》されそうになったら、「バック！」と声《こえ》をかけよう。

三塁《さんるい》ランナーコーチ

ストップ！

一塁《いちるい》と同《おな》じく、ホームに進《すす》めそうであれば腕《うで》を大《おお》きく回《まわ》し、難《むずか》しそうであればストップ。点《てん》が入《はい》るかどうかに大《おお》きくかかわるから、相手《あいて》の守備《しゅび》体形《たいけい》や球《たま》の行方《ゆくえ》をよく見《み》て判断《はんだん》しようね。

自分《じぶん》も相手《あいて》もけがしないために

プレーの公平《こうへい》さを保《たも》ったり、けがが起《お》きたりしないように、妨害《ぼうがい》のルールがあるよ。

打撃妨害《だげきぼうがい》の例《れい》

バッターがわざと
キャッチャーミットに
当《あ》たるようにスイング
したと判断《はんだん》されると、
守備妨害《しゅびぼうがい》になるよ。

✕バッターがスイングするバットにキャッチャーミットが当《あ》たる

キャッチャーミットを打者《だしゃ》に近《ちか》づけすぎないように注《ちゅう》意《い》しよう。

走塁妨害《そうるいぼうがい》の例《れい》

✕捕球《ほきゅう》・送球《そうきゅう》に関係《かんけい》のない選手《せんしゅ》がランナーの走路《そうろ》をふさぐ

打球《だきゅう》や送球《そうきゅう》を処理《しょり》するとき以外《いがい》は、ランナーが優先《ゆうせん》されるよ。ぶつからないよう気《き》をつけよう。

✕捕球体勢《ほきゅうたいせい》でないのに、ホームベースの前《まえ》でふさぐ

アウトにできる状況《じょうきょう》でないのに、キャッチャーが、ランナーとホームベースの間《あいだ》に入《はい》るのはダメだよ。

守備妨害《しゅびぼうがい》の例《れい》

キャッチャーの送球《そうきゅう》をわざとじゃまする

バントやスクイズの後《あと》などに、キャッチャーが送球《そうきゅう》できないよう、バットなどでじゃまをするのは反則《はんそく》だよ。

打球《だきゅう》が守備側《しゅびがわ》よりも先《さき》にランナーに当《あ》たる

自分《じぶん》が打《う》ったフェアゾーンのゴロに、守《しゅ》備側《びがわ》よりも先《さき》に自分《じぶん》が当《あ》たるとアウトになってしまうよ。

キャッチャーに体当《たいあ》たりする

ホームに帰《かえ》るとき、キャッチャーに体当《たいあ》たりするのはだめ。危《あぶ》ないから絶対《ぜったい》にしないようにしよう。

仲間《なかま》への声《こえ》かけでチームワークを高《たか》めよう

守備中《しゅびちゅう》の声《こえ》かけ

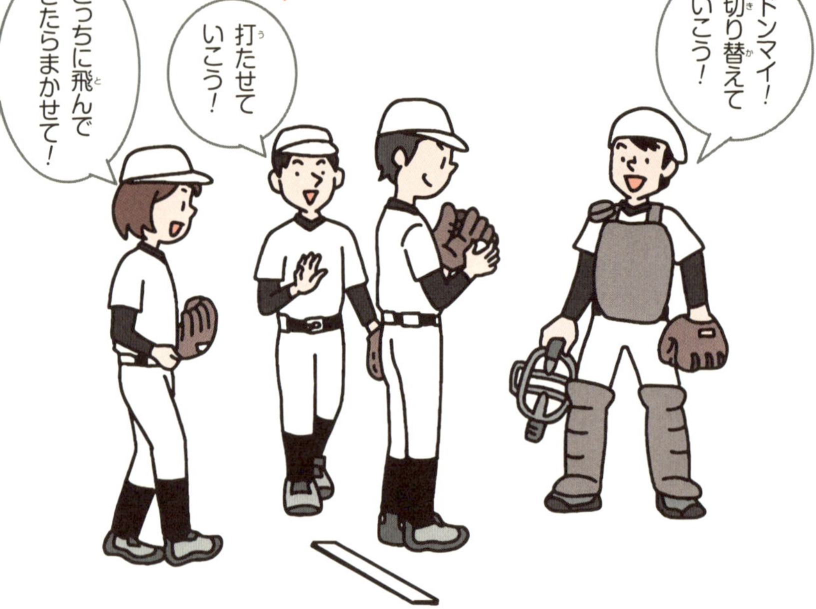
こっちに飛《と》んできたらまかせて！
打《う》たせていこう！
ドンマイ！切《き》り替《か》えていこう！

試合《しあい》でうまくいかなかったり、ミスしたりすることはだれにだってある。そんなとき、仲間《なかま》から声《こえ》をかけてもらえると、安心《あんしん》するよね。声《こえ》かけを積《せっ》極的《きょくてき》にしていると、守備《しゅび》での連携《れんけい》もとりやすくなるよ。

いいプレーをしたら、「さすがジャイアン！」ってほめてくれよな！

攻撃中《こうげきちゅう》の声《こえ》かけ

次《つぎ》、打《う》てるぞー！
ナイセン！（ナイス選球眼《せんきゅうがん》）
ナイスラン！（ナイス走塁《そうるい》）

仲間《なかま》の攻撃中《こうげきちゅう》は、守備《しゅび》のときよりもベンチにいる人数《にんずう》が多《おお》くなるよね。みんなで一丸《いちがん》となって、打者《だしゃ》やランナーを応援《おうえん》しよう。いいプレーをしたときに「ナイス！」といって拍手《はくしゅ》するだけでも、大《おお》きな力《ちから》になるよ。

相手《あいて》のピッチャーが投球動作《とうきゅうどうさ》に入《はい》ったら、じゃましないように、声《こえ》かけはやめて見守《みまも》ろうね。

相手《あいて》への敬意《けいい》をもってプレーしよう

もしデッドボールにしてしまったら…

気《き》にしないで!
ごめん!

ちゃんと気《き》をつけていても、相手《あいて》と接触《せっしょく》してしまったり、ボールが当《あ》たってしまったりすることがある。それは仕方《しかた》がないことだけれど、相手《あいて》に痛《いた》い思《おも》いをさせたことはきちんと謝《あやま》ろう。

デッドボールを受《う》けた側《がわ》は、痛《いた》みや違和感《いわかん》があったら、監督《かんとく》やコーチにいうのよ。
無理《むり》しないでね。

勝《か》っても負《ま》けても最後《さいご》まで全力《ぜんりょく》で

勝《か》ってうれしかったり、逆《ぎゃく》に負《ま》けてくやしい思《おも》いをしたりするときもあるよね。その気持《きも》ちは大切《たいせつ》にしたまま、最後《さいご》まで相手《あいて》としっかり戦《たたか》うことを心《こころ》がけてほしい。試合《しあい》が終《お》わったら、おたがいのがんばりを、たたえ合《あ》えるといいね。

終《しゅう》章《しょう》　野《や》球《きゅう》って楽《たの》しいんだ!

アウトー!!
ゲームセット!!
勝《か》ったー!
優《ゆう》勝《しょう》だー!
ワーッ
みんなの力《ちから》がひとつになったチームワークの勝《しょう》利《り》だー!

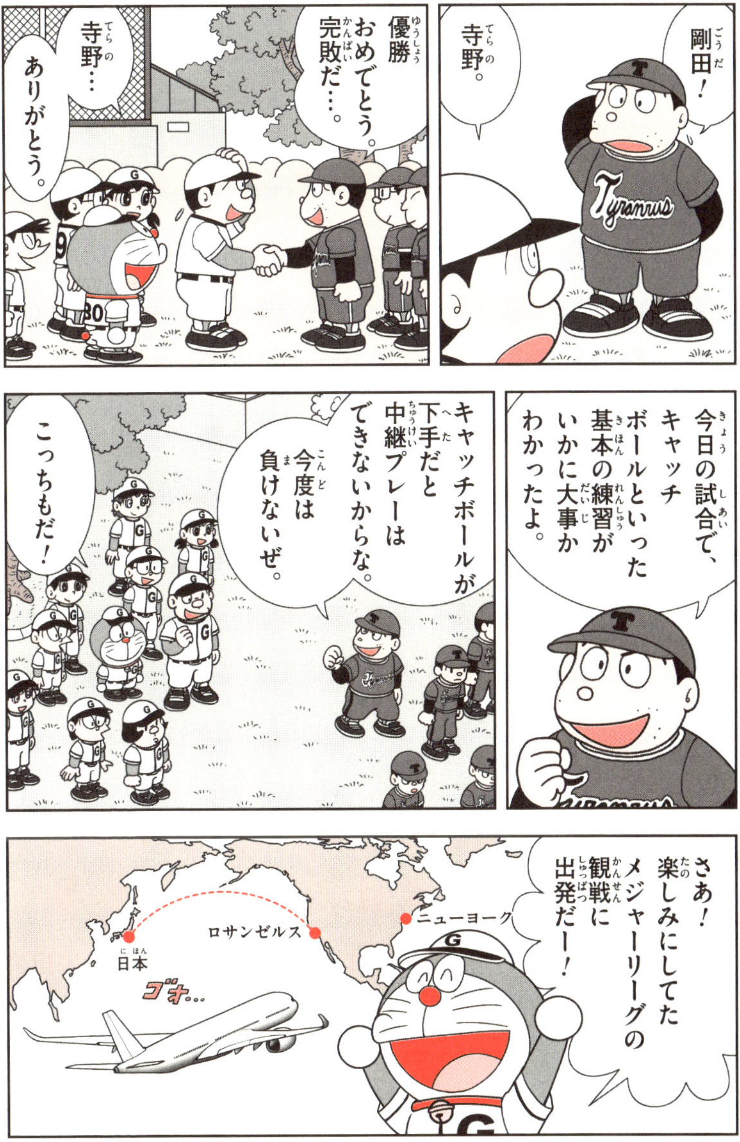

剛田《ごうだ》!
寺野《てらの》。
優勝《ゆうしょう》おめでとう。完敗《かんぱい》だ…。
寺野《てらの》…
ありがとう。
今日《きょう》の試合《しあい》で、キャッチボールといった基本《きほん》の練習《れんしゅう》がいかに大事《だいじ》かわかったよ。
キャッチボールが下手《へた》だと中継《ちゅうけい》プレーはできないからな。
今度《こんど》は負《ま》けないぜ。
こっちもだ!
さあ!楽《たの》しみにしてたメジャーリーグの観戦《かんせん》に出発《しゅっぱつ》だー!
ニューヨーク
ロサンゼルス
日本《にほん》
ゴオ…

Wow! Shotani hits a home ru---n!
(出《て》たー！小谷選手《しょうたにせんしゅ》のホームランだー！)
Shotani struck out three batters in a row after hitting a home run!!
(小谷選手《しょうたにせんしゅ》、ホームランの後《あと》は三者連続三振《さんしゃれんぞくさんしん》だ！)
SHOTANI 17
17 LOS ANGELES

やっぱり小谷選手《しょうたにせんしゅ》はすごいな～！
投《な》げて打《う》っての大活躍《だいかつやく》だったね。
WELCOME TO L・A STADIUM
ピッチャーとバッターの二刀流《にとうりゅう》は、おれ様《さま》の目標《もくひょう》だぜ！
みんな…、ぼくらはここで。
そうか、3人《にん》はここからニューヨークに帰《かえ》るんだね。
スネツグまたな。
うん。また会《あ》いに行《い》くね。
みんなと野球《やきゅう》ができて楽《たの》しかったわ。
忘《わす》れられない思《おも》い出《で》ができたよ。
それはぼくらも同《おな》じだよ。
ショーくんとセカちゃん、スネツグくんがいなかったら、このメジャー観戦《かんせん》はできなかったわけだからね。

2人《ふたり》には野球《やきゅう》の基本《きほん》のことをたくさん教《おし》えてもらったね。
キャッチボールひとつとっても知《し》らなかったことがあったし、それが大切《たいせつ》だってこともわかった。
練習《れんしゅう》して捕球《ほきゅう》や送球《そうきゅう》ができるようになったときは、うれしかったし本当《ほんとう》に楽《たの》しかった。

野球《やきゅう》のルールがわかってきたら、野球《やきゅう》をするのがさらに楽《たの》しくなったわ。
フィルダースチョイス
バスター
スコアリングポジション
エンタイトルツーベース
インフィールドフライ
まだまだ知《し》らないルール、用語《ようご》がたくさんあるけどね。

守備《しゅび》ではみんなで協力《きょうりょく》する「中継《ちゅうけい》プレー」は最高《さいこう》だったね！
中継《ちゅうけい》プレーをジャイアンズの得意技《とくいわざ》にしようよ！

そして日本《にほん》へ帰国《きこく》した後《あと》…。
ポーン
のび太《た》ー中継《ちゅうけい》プレーだー！

しずちゃん！
はい！
はる夫《お》さん！
ターッチー！
アウト!!
ナイス中継《ちゅうけい》プレー！
優勝《ゆうしょう》したことでジャイアンズのメンバーが増《ふ》えてよかったね。
まったくだ。
ショーたちはアメリカからは簡単《かんたん》に来《こ》られないし、どうしようかと思《おも》ったぜ。
これで安心《あんしん》して試合《しあい》ができるね。

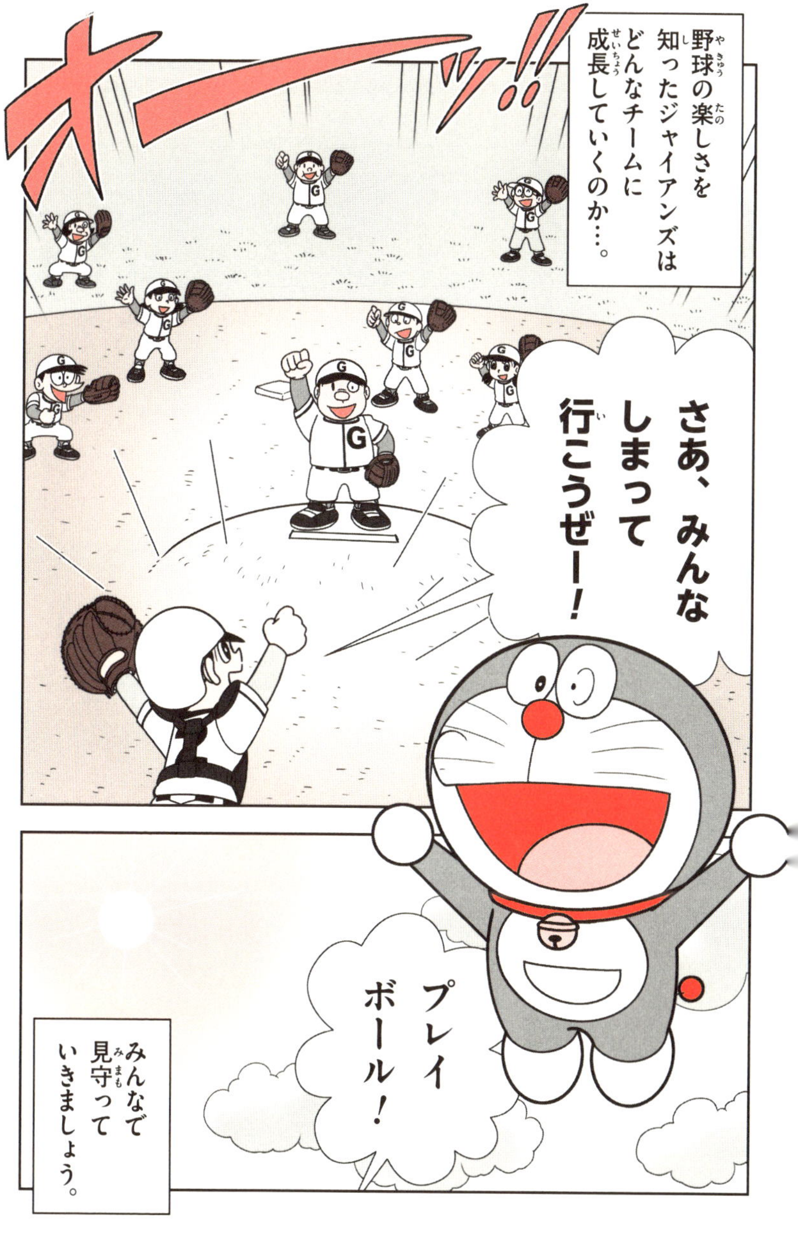
野球《やきゅう》の楽《たの》しさを知《し》ったジャイアンズはどんな成長《せいちょう》していくのか…。
オーーッ!!
さあ、みんなしまって行《い》こうぜー!
プレイボール!
みんなで見守《みまも》っていきましょう。

打《だ》撃《げき》編《へん》

ヒットエンドラン

ピッチャーが投《な》げるのと同時《どうじ》にランナーがスタートして、バッターがボールを打《う》つプレー。ひとつのヒットで、ランナーをより先《さき》の塁《るい》に進《すす》めるのがねらいだ。空振《からぶ》りするとランナーがアウトになる可能性《かのうせい》があるので、バッターはどんなボールでもバットに当《あ》てて、ランナーの進塁《しんるい》を助《たす》けることが求《もと》められるよ。

言葉《ことば》がわかると、野球《やきゅう》をするのも、見《み》るのも楽《たの》しくなるね。

例《たと》えばランナー一塁《いちるい》なら、ヒット１本《ぽん》で一塁《いちるい》・三塁《さんるい》のチャンスをつくれる可能性《かのうせい》がある。バッターはランナーの進塁《しんるい》を考《かんが》えて、ゴロを打《う》つことをねらうとよい。

エンタイトルツーベース

バッターの打《う》ったボールが外野《がいや》でバウンドしてからフェンスを越《こ》えた場合《ばあい》、「エンタイトルツーベース」となって二塁打《にるいだ》の扱《あつか》いになるよ。

スコアリングポジション

ランナーが二塁《にるい》か三塁《さんるい》にいる状態《じょうたい》のことを「スコアリングポジションにランナーがいる」というよ。ヒットが1本《ぽん》出《で》れば点《てん》が入《はい》る可能性《かのうせい》が高《たか》いことからそう呼《よ》ばれるんだ。「得点圏《とくてんけん》」ともいうよ。

クリーンナップ

3、4、5番《ばん》の打順《だじゅん》のことをクリーンナップというよ。塁《るい》に出《で》たランナーを帰《かえ》す、つまり、塁《るい》を「きれいにする＝Clean《クリーン》 up《アップ》」ことからそう呼《よ》ばれているんだ。この打順《だじゅん》には、チームの打撃《だげき》の中心選《ちゅうしんせん》手《しゅ》が並《なら》んでいるよ。

スコアリングポジションの場面《ばめん》

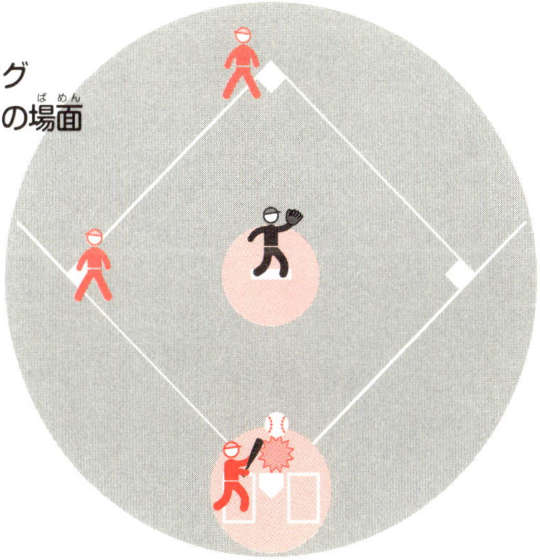

ランナーが二塁《にるい》か三塁《さんるい》にいる状態《じょうたい》なら、シングルヒット1本《ぽん》で得点《とくてん》になる可能性《かのうせい》が高《たか》い。攻撃側《こうげきがわ》はスコアリングポジションにランナーを進《すす》めることをねらっていこう。

セーフティバント

バッターが犠牲《ぎせい》になる送《おく》りバントに対《たい》して、バッター自《みずか》らが出塁《しゅつるい》しようとするバントをセーフティバントというよ。相手《あいて》に戦略《せんりゃく》がばれないよう、ピッチャーが投《な》げるぎりぎりのタイミングでバントの構《かま》えに入《はい》るんだ。

スクイズ

ランナーが三塁《さんるい》にいる場面《ばめん》でバントし、三塁《さんるい》ランナーを帰《かえ》すプレー。どうしても1点《てん》が欲《ほ》しい場《ば》面《めん》で行《おこな》うチームプレーだ。

バスター

バントの構《かま》えで打席《だせき》に立《た》ち、ピッチャーが投《な》げるタイミングで打《う》つことに切《き》り替《か》える打法《だほう》。バントのために守備位置《しゅびいち》を前《まえ》にしている相手《あいて》の裏《うら》をかいて、ヒットの確率《かくりつ》をあげることができる。

スクイズの場面《ばめん》

三塁《さんるい》ランナーは、ピッチャーが足《あし》をあげて投《な》げるタイミングでスタートを切《き》る。バッターはどんなボールが来《き》ても、必《かなら》ずバットにボールを当《あ》てて、フェアゾーンに転《ころ》がさなくてはならないよ。

走塁編《そうるいへん》

ホームスチール

ランナーが三塁《さんるい》にいる場面《ばめん》で、本塁《ほんるい》に向《む》かって盗塁《とうるい》すること。ピッチャーの投球時《とうきゅうじ》にスタートを切《き》る、キャッチャーの返球時《へんきゅうじ》にスタートを切《き》る、一《いち》・三塁《さんるい》の場面《ばめん》でまず一塁《いちるい》ランナーがスタートし、キャッチャーが二塁《にるい》に送球《そうきゅう》したすきにスタートを切《き》る、などの方法《ほうほう》があるよ。

振《ふ》り逃《に》げ

ノーアウト、または1アウトでランナーが一塁《いちるい》にいない状況《じょうきょう》か、2アウトの状況《じょうきょう》でキャッチャーが3ストライクめのボールを正《ただ》しく捕球《ほきゅう》できなければ、バッターは三振《さんしん》してもアウトにはならずに一塁《いちるい》への進塁《しんるい》を試《こころ》みることができるんだ。ストライクであれば、振《ふ》らなくても試《こころ》みることができる。

振《ふ》り逃《に》げになる場面《ばめん》

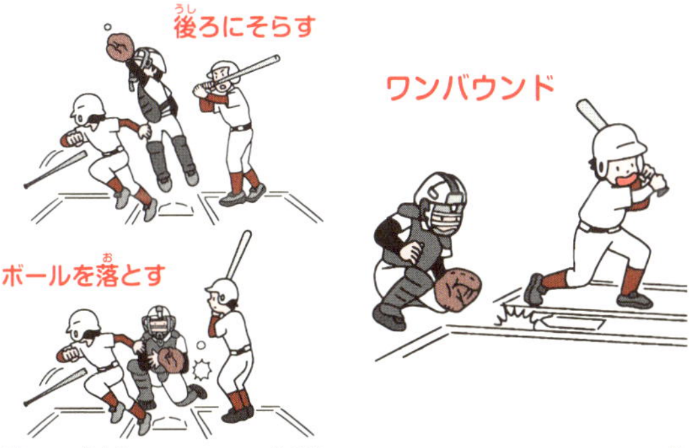

正《ただ》しく捕球《ほきゅう》できていない状況《じょうきょう》は、キャッチャーがボールを「後《うし》ろにそらす」「落《お》とす」こと。または、捕球《ほきゅう》してもボールがワンバウンドだった場合《ばあい》は振《ふ》り逃《に》げが成立《せいりつ》するんだ。振《ふ》り逃《に》げになったら、キャッチャーはすばやくランナーにタッチするか、一塁《いちるい》に投《な》げてアウトにする必要《ひつよう》があるよ。

臨時代走《りんじだいそう》

バッターランナーやランナーが負傷《ふしょう》して治療《ちりょう》が必要《ひつよう》になる場合《ばあい》には、審判《しんぱん》の判断《はんだん》で臨時《りんじ》の代走《だいそう》を起用《きよう》することができる。

守備編《しゅびへん》

バッテリー

ピッチャーとキャッチャーのペアのこと。ラテン語《ご》で「大砲《たいほう》」を意味《いみ》していて、投《な》げる様子《ようす》が大《たい》砲《ほう》のようだったことから最初《さいしょ》は投手《とうしゅ》のことをバッテリーと呼《よ》び、のちに捕手《ほしゅ》もふくめてこう呼《よ》ばれるようになったんだ。

クイックモーション

ランナーの盗塁《とうるい》を防《ふせ》ぐために、ピッチャーがすばやく投球《とうきゅう》する動作《どうさ》のことだよ。クイックモーションはバッターのタイミングをずらすことにも使《つか》われるんだ。

ワイルドピッチ

ピッチャーの投球《とうきゅう》がストライクゾーンから大《おお》きく外《はず》れてキャッチャーが補球《ほきゅう》できず、ランナーが進塁《しんるい》すること。「暴投《ぼうとう》」ともいうよ。

パスボール

ピッチャーが投《な》げた捕球《ほきゅう》できるはずのコースのボールを、キャッチャーが捕球《ほきゅう》できなかったためにランナーが進塁《しんるい》してしまうことだよ。

ボーク

ピッチャーによる反則行為《はんそくこうい》のこと。マウンドのプレートにふれているのに途中《とちゅう》で投球《とうきゅう》をやめたり、プレートにふれずに投球《とうきゅう》を行《おこな》ったりするとボークになるよ。

バッターが
構《かま》えていないのに
投球《とうきゅう》するのも
反則《はんそく》なのよ。

インフィールドフライ

ノーアウトまたは1アウトでランナーが一《いち》・二《に》塁《るい》または満塁《まんるい》のとき、内野《ないや》の守備《しゅび》がわざとフライを落《お》としてダブルプレーなどをねらうことを防《ふせ》ぐルール。フライがあがり、審判《しんぱん》が「インフィールドフライ」を宣告《せんこく》した時点《じてん》でバッターはアウトになる。

とっさには わかりづらい プレーだね。
インフィールド フライは フェアゾーンの 内野《ないや》フライが 対象《たいしょう》だよ。

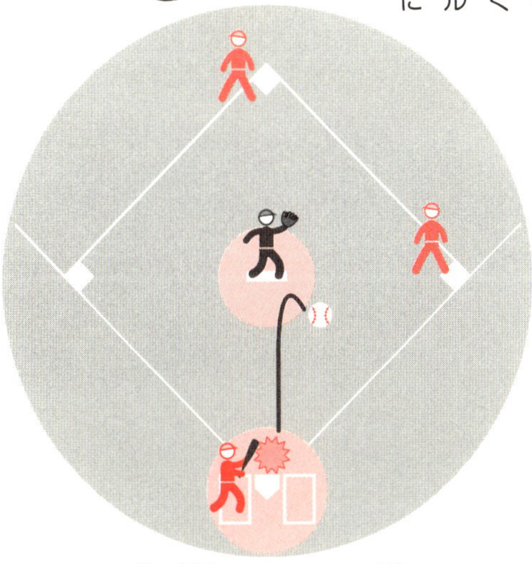

例《たと》えばノーアウトランナー一《いち》・二塁《にるい》でピッチャーへの小《しょう》フライがあがった場合《ばあい》、守《しゅ》備側《びがわ》がわざとボールを落《お》として三塁《さんるい》→二塁《にるい》へと送球《そうきゅう》してダブルプレーをねらうことができる。こうした行為《こうい》を防《ふせ》ぐルールが「インフィールドフライ」なんだ。

フィルダースチョイス

内野《ないや》ゴロを捕球《ほきゅう》した内野手《ないやしゅ》が先行《せんこう》のランナーをアウトにしようとほかの塁《るい》に送球《そうきゅう》して、ランナーも打者《だしゃ》もアウトにできなかったプレーのこと。日《に》本語《ほんご》では「野手選択《やしゅせんたく》（野選《やせん》）」というよ。

野手《やしゅ》の判断《はんだん》ミスということで、エラーとは区別《くべつ》されるんだよ。
エラーにはならないのか！

例《たと》えば1アウト一塁《いちるい》の場面《ばめん》でサードにゴロが行《い》き、三塁手《さんるいしゅ》が二塁《にるい》にボールを送《おく》るもセーフ、一塁《いちるい》でもアウトにできなかった場合《ばあい》、三塁手《さんるいしゅ》の「フィルダースチョイス」となる。

イレギュラー

グラウンドや芝《しば》を転《ころ》がるボールが予測《よそく》とはちがう方向《ほうこう》にバウンドすること。イレギュラーによって野手《やしゅ》がボールを捕球《ほきゅう》できなかった場合《ばあい》はエラーにはならず、ヒットが記録《きろく》されるよ。

ファンブル

ボールを捕球《ほきゅう》するときや、捕球《ほきゅう》した直後《ちょくご》にボールを落《お》としたり、弾《はじ》いたりすること。

クロスプレー

アウトかセーフか判断《はんだん》しにくいプレーや、野手《やしゅ》とランナーが塁上《るいじょう》で接触《せっしょく》するような激《はげ》しいプレーのこと。本塁《ほんるい》では、得点《とくてん》につながるきわどいプレーになることが多《おお》い。

クロスプレーの場面《ばめん》

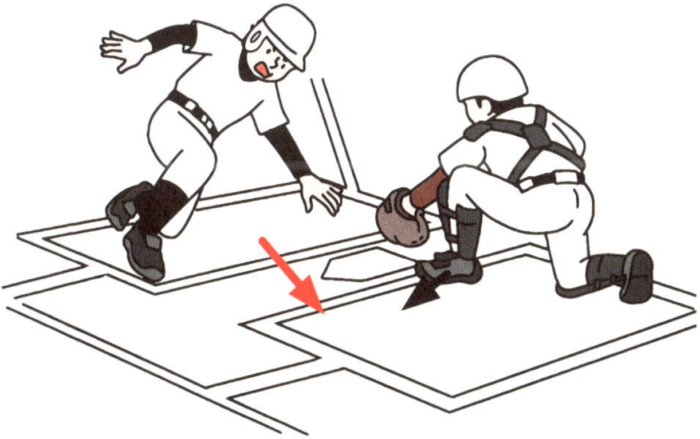

本塁《ほんるい》のクロスプレーでは、キャッチャーはホームベースをあけてランナーにタッチする。ランナーはスライディングして左手《ひだりて》か足《あし》でホームベースにタッチする。おたがいけがをしないことが大事《だいじ》だね。

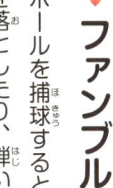

ノーヒットノーラン

ピッチャーが相手《あいて》チームに1本《ぽん》もヒットやホームランを打《う》たれずに勝利《しょうり》することだよ。フォアボールやデッドボール、エラーなどでの出塁《しゅつるい》はあってもよい。

完全試合《かんぜんじあい》

ピッチャーが相手《あいて》チームに出塁《しゅつるい》されることもヒットを打《う》たれることもなく勝利《しょうり》すること。エラーでランナーを出《だ》すこともなく、チームみんなの力《ちから》ではじめて達成《たっせい》できる記録《きろく》なんだ。

僕《ぼく》も一度《いちど》は達成《たっせい》したいなぁ…。

Y 0 0 1 0 0 0
J 0 0 0 0 0 0
J
Y

学童野球《がくどうやきゅう》では、1人《ひとり》のランナーも出《だ》さずに、6回《かい》18アウトをとることができれば完全試合達成《かんぜんじあいたっせい》だね。達成《たっせい》するためには必《かなら》ず得点《とくてん》しておかなければいけないよ。

その他《た》

ダグアウト

監督《かんとく》やコーチ、選手《せんしゅ》が控《ひか》える場所《ばしょ》のことだよ。グラウンドより一段《いちだん》低《ひく》くなっていることが多《おお》いよ。ベンチともいうね。

ボールボーイ

ファールゾーンの打球《だきゅう》を回収《かいしゅう》したり、そのボールを審判《しんぱん》にわたしたりする人《ひと》のことだよ。学童野《がくどうや》球《きゅう》では、主《おも》にベンチの控《ひか》え選手《せんしゅ》が任《まか》されることが多《おお》いんだ。

ダブルヘッダー

チームが同《おな》じ日《ひ》に2回試合《かいしあい》を行《おこな》うこと。選手《せんしゅ》の体力的《たいりょくてき》な負担《ふたん》が大《おお》きいので、選手交代《せんしゅこうたい》などの戦術《せんじゅつ》が重要《じゅうよう》になってくるよ。

ダグアウトでは、チームのために声《こえ》を出《だ》して応援《おうえん》したり、選手《せんしゅ》を励《はげ》ましたりすることで、チームを盛《も》りあげていくことが大事《だいじ》だね。

これからも野球《やきゅう》を続《つづ》けよう！

小学生《しょうがくせい》の学童野球《がくどうやきゅう》を卒業《そつぎょう》したら、ぜひ次《つぎ》のステージでも野球《やきゅう》を続《つづ》けていこう！　あこがれのプロ野球《やきゅう》、メジャーリーグまで、野球《やきゅう》を続《つづ》けるための環境《かんきょう》を紹《しょう》介《かい》するよ。

◆中学野球《ちゅうがくやきゅう》（軟式《なんしき》）

多《おお》くの中学校《ちゅうがっこう》には軟式野球部《なんしきやきゅうぶ》があり、野球《やきゅう》を続《つづ》けていくことができる。学童野球《がくどうやきゅう》と同《おな》じ軟式《なんしき》でもボールは少《すこ》し大《おお》きく重《おも》くなっているよ。平日《へいじつ》に練《れん》習《しゅう》できることや、学校《がっこう》のグラウンドを使《つか》うことができるのがメリット。

◆中学野球《ちゅうがくやきゅう》（硬式《こうしき》）

中学生《ちゅうがくせい》のうちから硬式野球《こうしきやきゅう》をプレーできるリーグとしては、日本中学硬式野球協議会《にほんちゅうがくこうしきやきゅうきょうぎかい》に所属《しょぞく》する「ボーイズリーグ（小《しょう》・中学生《ちゅうがくせい》）」「リトルシニアリーグ（中学生《ちゅうがくせい》）」「ヤングリーグ（小《しょう》・中学生《ちゅうがくせい》）」「ポニーリーグ（中学生《ちゅうがくせい》）＆ブロンコリーグ（小学生《しょうがくせい》）」「フレッシュリーグ（中学生《ちゅうがくせい》・九州地区《きゅうしゅうちく》）」という5つのリーグがあるよ。

◆高校野球《こうこうやきゅう》

多《おお》くの高校《こうこう》に硬式野球部《こうしきやきゅうぶ》や軟式野球部《なんしきやきゅうぶ》が設置《せっち》され、「甲子園球場《こうしえんきゅうじょう》」で行《おこな》われる硬式野球《こうしきやきゅう》の全国大会《ぜんこくたいかい》は、球児《きゅうじ》たちのあこがれの舞台《ぶたい》として特《とく》に有名《ゆうめい》。

◆大学野球《だいがくやきゅう》

大学《だいがく》の野球部《やきゅうぶ》は、全国《ぜんこく》26の大学野球連盟《だいがくやきゅうれんめい》の地域《ちいき》ごとにリーグ戦《せん》を行《おこな》う。「全日本大学野球選手権大会《ぜんにほんだいがくやきゅうせんしゅけんたいかい》」には27大学《だいがく》が出場《しゅつじょう》してナンバー1《ワン》を決定《けってい》する。

いくつになっても野球《やきゅう》はできるんだね！

◆社会人野球《しゃかいじんやきゅう》

会社《かいしゃ》に入《はい》って社員《しゃいん》として働《はたら》きながら野球《やきゅう》を続《つづ》けることができる。高校《こうこう》野球《やきゅう》や大学《だいがく》野球《やきゅう》の経験者《けいけんしゃ》が多《おお》く、全国大会《ぜんこくたいかい》の「都市対抗《としたいこう》野球《やきゅう》」で優勝《ゆうしょう》を争《あらそ》うよ。

◆プロ野球《やきゅう》（日本《にほん》野球《やきゅう》機構《きこう》【NPB《エヌピービー》】）

セ・パ2リーグ12球団《きゅうだん》からなるプロの野球《やきゅう》リーグ。高校《こうこう》野球《やきゅう》や大学《だいがく》野球《やきゅう》、社会人《しゃかいじん》野球《やきゅう》の経験者《けいけんしゃ》などがドラフト会議《かいぎ》で指名《しめい》されることで入団《にゅうだん》できるよ。

◆独立《どくりつ》リーグ

NPB《エヌピービー》とは異《こと》なる組織《そしき》が運営《うんえい》するプロの野球《やきゅう》リーグ。四国《しこく》や九州《きゅうしゅう》など5つの地域《ちいき》にリーグがあり、プロ野球《やきゅう》をめざす選手《せんしゅ》やプロ野球《やきゅう》を引退《いんたい》した選手《せんしゅ》が所属《しょぞく》しているよ。

◆メジャーリーグ（MLB《エムエルビー》）

アメリカとカナダに本拠地《ほんきょち》を置《お》く30球団《きゅうだん》からなるプロ野球《やきゅう》リーグ。世界中《せかいじゅう》から優《すぐ》れた選手《せんしゅ》が集《あつ》まる世界最大《せかいさいだい》の野球《やきゅう》リーグで、日本人選手《にほんじんせんしゅ》も多《おお》く所《しょ》属《ぞく》しているよ。

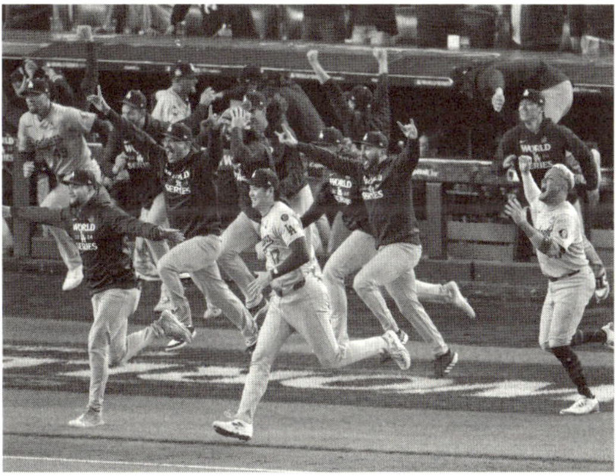

メジャーリーグはアメリカンリーグとナショナルリーグに分《わ》かれていて、どちらのリーグにもDH《ディーエイチ》（指名打者制度《しめいだしゃせいど》）がある。30球団《きゅうだん》の頂点《ちょうてん》を決《き》めるワールドシリーズに世界中《せかいじゅう》の野球《やきゅう》ファンが熱狂《ねっきょう》する！

写真提供《しゃしんていきょう》：共同通信社《きょうどうつうしんしゃ》

■キャラクター原作／藤子・F・不二雄
■まんが監修／藤子プロ
■監修／一般財団法人 全日本野球協会
■カバーデザイン／横山和忠
■カバー絵・まんが／さいとうはるお
■本文イラスト／前野コトブキ
■本文デザイン・DTP／芦澤伸・内山智江（東光美術印刷）、里山史子
■校正／小学館出版クォリティーセンター、逸見ゆみ
■編集協力／和西智哉・葛原武史・三井悠貴・橋本亜也加・鷲尾達哉（カラビナ）
■編集担当／細川達司（小学館）、四井寧

ドラえもんの学習シリーズ

ドラえもんのスポーツおもしろ攻略
野球が楽しくできる

2025年4月28日　初版第1刷発行

発行者　北川吉隆
発行所　株式会社小学館
東京都千代田区一ツ橋2-3-1　〒101-8001
電話・編集／東京　03（3230）5400
販売／東京　03（5281）3555

印刷所　TOPPANクロレ株式会社
製本所　株式会社若林製本工場

●参考文献　『公認野球指導者 基礎Ⅰ〈U-12〉テキスト』（一般財団法人 全日本野球協会）『マンガでもっとうまくなる少年野球 実践編』（西東社）『少年野球「審判」マニュアル』（メイツ出版）『マンガでわかる！　トクサン TV が教える超少年野球教室』（KADOKAWA）

●参考サイト　一般財団法人 全日本野球協会／公益財団法人 全日本軟式野球連盟／お父さんのための野球教室／スポジョバ／スポランド／ラブすぽ／フィールドフォース／ BASEBALL ONE ／ソトイコ！チャンネル／浅野町チャレンジャー／球ログ／野球を楽しもう！ Enjoy Baseball ！

ISBN978-4-09-253755-2